MORMONEN – DIE HEILIGEN DER LETZTEN ZEIT?

MORMONEN – DIE HEILIGEN DER LETZTEN ZEIT?

David Trobisch

Quiet Waters Publications
2023

Copyright © 2023 David Trobisch

Alle Rechte vorbehalten.

All rights reserved. No part of this book may be used or reproduced without written permission, except in the case of brief quotations embodied in critical articles and reviews.

Quiet Waters Publications
Springfield, Missouri
www.quietwaterspub.com

ISBN 978-3-911124-07-2 (DE)

ISBN 978-1-962698-01-6 (USA)

International Distribution by Amazon
>US >UK >DE >FR >ES >IT >NL >PL >SE >JP >CA >AU

Cover: The Community of Christ's temple in Independence, Missouri, USA. John Hamer, public domain.

Zweite Auflage

Erste Auflage: Titelaufnahme der Deutschen Bibliothek: Titel: Mormonen - die Heiligen der letzten Zeit? Person(en): Trobisch, David (Verfasser) Verlag: Neukirchen-Vluyn : Bahn Zeitliche Einordnung: Erscheinungsdatum: 1998 ISBN: 978-3-7615-4956-8 Beziehungen: Reihe Apologetische Themen ; Bd. 11 Anmerkungen: Literaturverz. S. 116 - 121 Schlagwörter: Mormonen Sachgruppe(n): 12 Christliche Religion

Vorwort zur zweiten Auflage

Dieses Buch stellt auf respektvolle Weise die Glaubensgemeinschaft vor, die aus dem Wirken von Joseph Smith Jr. erwachsen ist. Dabei wurde besonderer Wert auf die Verwendung von Primärquellen gelegt.

Die Erstausgabe ist seit längerem vergriffen und erscheint in der zweiten Auflage als unveränderter Nachdruck. Lediglich einige Druckfehler wurden korrigiert.

Die Reorganized Latter Day Saints (RLDS) haben zwischenzeitlich ihren Namen in „Community of Christ" geändert und sind in Deutschland als „Gemeinschaft Christi" aktiv.

Ich bedanke mich bei allen Leserinnen und Lesern, die das Buch positiv aufgenommen haben. Mein Hauptziel war es, den ökumenischen Dialog zu fördern. Ob mir das gelungen ist, hängt letztlich von Ihrer Bereitschaft ab, sich auf dieses Gespräch einzulassen.

David Trobisch

Inhalt

I.		Einleitung	9
II.		Geschichte	15
	A.	Joseph Smith und die Anfänge der Bewegung	15
		1. Großeltern mütterlicherseits	17
		2. Großeltern väterlicherseits	18
		3. Joseph Smiths Jugend und frühe Visionen	19
	B.	Kirchengründung, Ausbreitung, Verfolgungen	30
	C.	Joseph Smiths Tod	32
		1. William Law, der „Nauvoo Expositor" und Smiths Verstoß gegen die Pressefreiheit	32
		2. Die frühe Praxis der Vielehe	37
		3. Der Tod von Joseph und Hyrum Smith	41
	D.	Das Buch Mormon	44
		1. Überblick	44
		2. Leseerlebnis	47
		3. Handschriften und Editionsgeschichte	48
		4. Die Erzählung	51
		5. Die Sprache	53
		6. Archäologie	55
		7. Joseph Smith als „Übersetzer"	58
		8. Ein offener Kanon	74
		9. Stellungnahme	75
III.		Die Mormonen-Konfessionen im einzelnen	77
	A.	Reorganized Church of Jesus Christ of Latter Day Saints (RLDS)	77
		1. Geschichte	77
		2. Die heutige Kirche	78
		3. Begegnungen	81

	B.	Church of Jesus Christ of Latter-day Saints (LDS)	83
		1. Utah	83
		2. Die heutige Kirche	89
		3. Tempelrituale und Gottesbild	94
		4. Begegnungen	100
	C.	Weitere Konfessionen	110
		1. Church of Christ (Temple Lot)	110
		2. Die Kirche Christi „Die Kirche mit der Elias-Botschaft" – erneut errichtet 1929	112
		3. Sonstige Gemeinschaften	113
IV.	Ausblick		114
	A.	Verzeichnis der benutzten Literatur und Ausgaben	116
	B.	Internet-Adressen	122
	C.	Dank	121

I. Einleitung

Ein Buch, ob man es nun schreibt oder liest, ist eine Reise. Ausgangspunkt war für mich der Besuch einer Veranstaltung, in der Kirchenleiter verschiedenster Konfessionen aus Osteuropa über die Mormonen informiert werden sollten. Nach dem Vortrag mußte man den Eindruck haben, daß es sich bei dieser Glaubensgemeinschaft um eine Horde Dummköpfe handele, deren Glaube an das Buch Mormon auf einen offensichtlichen Betrug zurückzuführen sei; die die Ehe mit mehreren Partnern nur nach außen hin ablehnten, heimlich aber praktizierten; die ein Gottesbild hätten, das kein intelligenter Mensch nachvollziehen kann. Ausdrücklich wurden die Teilnehmer dazu aufgefordert, Mormonen, die Ahnenforschung betreiben, Einblick in die alten Kirchenbücher zu verweigern. Das störe die Ruhe der Verstorbenen.
Diese Mischung aus Halbwahrheiten und Vorurteilen ärgerte mich maßlos. Nicht weil ich selbst ein Mormone wäre oder weil mir religiöse Überzeugungen gleichgültig wären, sondern weil mir der nötige Respekt vor der anderen Glaubensgemeinschaft fehlte. Und weil ich empfand, daß diese Art der Information auch für die Kollegen aus Osteuropa nicht hilfreich war.
Ein Priester der rumänisch-orthodoxen Kirche erhob sich nach dem Vortrag. In seiner Gemeinde würden zwei Mormonen wohnen, erzählte er mit sonorer Stimme. Er habe noch nie etwas über ihren Glauben gehört und sei deshalb zu diesem Vortrag gekommen. Doch habe er mit eigenen Augen gesehen, daß die beiden ein Leben führen, das viel christlicher sei als das seiner Gemeindeglieder. In seinen Augen ist ein christliches Verhalten wichtiger als eine korrekte Theologie. Damit nahm er wieder Platz. Der Vortragende war sprachlos.
Als ich später meinen alten Studienfreund, Werner Thiede, traf und meinen Unmut in Worte faßte, forderte er mich auf, es doch besser zu machen und für die Reihe, die er herausgibt, den Band über die Mormonen zu schreiben. Ich sagte spontan zu und

begann, mich systematischer mit der „Kirche Jesu Christi der Heiligen der letzten Tage" zu beschäftigen.
Dies ist nun schon einige Jahre her, mittlerweile wohne und arbeite ich in den USA. Mehr als einmal wollte ich das Projekt wegen meiner anderen Verpflichtungen aufgeben, doch meine Frau und der Herausgeber fanden immer die nötigen, teils ermutigenden, teils strengen Worte, um das Manuskript schließlich doch zu einem Ende zu bringen. Dafür sei ihnen gedankt.

a) Aufbau und Zielgruppe des Buches
Die Bewegung der „Kirche Jesu Christi der Heiligen der Letzten Tage" begann am Anfang des neunzehnten Jahrhunderts in den Vereinigten Staaten von Amerika, im Bundesstaat New York. Joseph Smith, die zentrale Figur und der prophetische Verkünder der Bewegung, führte die schnell wachsende Schar aus dem Gebiet der großen Seen in Richtung Westen.
Das Buch gliedert sich grob in zwei Teile. Der erste Teil beschäftigt sich mit der Person Joseph Smith. Es betrachtet die Familie, aus der der Prophet stammt, und die frühen Visionen, die für das Selbstverständnis der Gemeinschaft so wichtig geworden sind, und führt die Leser über die Gründung und frühe Ausbreitung der Kirche in die näheren Umstände ein, die zum Tod Joseph Smiths geführt haben. Darauf folgt ein Exkurs über das Buch Mormon.
Der zweite Teil betrachtet vor allem die beiden größten Konfessionen, die sich nach dem Tode Smiths bildeten und die beide auch in Deutschland vertreten sind: Die von der Familie Joseph Smiths weitergeführte *Reorganized Church of Jesus Christ of Latter Day Saints* (RLDS) und die sehr viel größere *Church of Jesus Christ of Latter-day Saints* (LDS) in Utah.
Als Grundlage dient mir neben wissenschaftlichen Veröffentlichungen auch Literatur, die von den Glaubensgemeinschaften selbst oder deren Gegnern herausgegeben wurde. Zusätzlich habe ich mehrere Reisen an verschiedene historische Stätten der Glaubensgemeinschaft in den USA unternommen und mehrere

Interviews mit Gemeindegliedern, Missionaren und Pfarrern in Deutschland und Amerika geführt.

Beim Schreiben habe ich an meine Kollegen gedacht, die zusammen mit mir studiert haben und von denen die meisten in Deutschland im Pfarrdienst stehen, aber auch an Laien, die mit der Geschichte der eigenen Konfession vertraut sind und sich um ein größeres Verständnis der Glaubensgemeinschaft der Mormonen bemühen. Gewisse Grundinformationen zur christlichen Bibel, protestantischen und katholischen Dogmatik, Kirchengeschichte und Konfessionskunde werden vorausgesetzt und nicht ausführlich erläutert. Ich habe aber auch an diejenigen gedacht, die ich während der Arbeit an diesem Buch persönlich kennen und schätzen gelernt habe und die Mitglied in einer der Konfessionen sind, die sich auf die Offenbarungen Joseph Smiths berufen. Ich hoffe sehr, daß es auch ihnen hilft, deutlicher zu sehen, welche Glaubensinhalte für traditionelle christliche Gemeinschaften schwer nachvollziehbar sind oder gänzlich unverständlich bleiben.

b) Grundsätze für die theologische Auseinandersetzung

Für viele moderne Christen sind Gemeinsamkeiten im Glauben wichtiger geworden als konfessionelle Schranken. Als Grundvoraussetzung für den ökumenischen Dialog hat sich neben der Bewahrung der eigenen konfessionellen Identität der Respekt vor den Traditionen und der Gotteserfahrung anderer Gemeinschaften als unverzichtbar erwiesen. Wenn es der Leserin oder dem Leser schwerfallen sollte, anzuerkennen, daß Gott außerhalb der Glaubensgemeinschaft, zu der sie gehören, erfahrbar ist, so sind sie damit in guter Gesellschaft: Diese Haltung ist weithin christliche Tradition. Und sie werden auch begreifen, welche Herausforderung das 20. Jahrhundert durch die Entwicklung des ökumenischen Dialoges für die Christenheit gebracht hat, eine Herausforderung, der wir uns nicht mehr entziehen können. Ob nun die Kirche Jesu Christi der Heiligen der Letzten Tage, rund 170 Jahre nach der Gründung, bereit und geeignet ist, sich am ökumenischen Dialog zu beteiligen, hängt von beiden Seiten ab und wird sich in den nächsten Jahrzehnten zeigen.

Bei der Auseinandersetzung mit anderen Glaubensgemeinschaften wird der Wert der tatsächlichen historischen Ereignisse für das Selbstverständnis einer religiösen Gemeinschaft gerne überschätzt. Mormonengegner haben oft wertvolle historische Arbeit geleistet in der Hoffnung, daß das Aufzeigen von Mißständen in der Frühzeit der Bewegung dazu führen würde, daß Mitglieder aus der gegenwärtigen Kirche austreten. Sowenig ein Mitglied einer deutschen lutherischen Landeskirche wegen Martin Luthers antisemitischer Polemik heute Antisemit ist, sowenig kann beispielsweise ein praktizierender Mormone heute des Rassismus bezichtigt werden, weil einige ihrer Heiligen Schriften rassistische Aussagen enthalten. Und auch wenn die christliche Kirche und die deutsche Bibelwissenschaft auf eine jahrhundertelange Tradition judenfeindlicher Auslegung neutestamentlicher Texte zurückblickt, so heißt das nicht, daß wir nichts aus Auschwitz gelernt haben oder daß die Geschichte unserer Väter und Mütter spurlos an der Kirche Deutschlands vorübergegangen ist.

Der Umgang mit der Geschichte ist komplizierter. Es wäre ein Kurzschluß zu denken, daß sich das Selbstverständnis einer Glaubensgemeinschaft direkt aus den geschichtlichen Ereignissen ablesen läßt. Es sind nicht so sehr die Ereignisse selbst, sondern die Art, wie die eigene Geschichte empfunden, bewertet und in der Praxis interpretiert wird, die das theologische Selbstverständnis einer Glaubensgemeinschaft widerspiegelt.

Eine weitere Aufgabe des ökumenischen Dialoges besteht darin, Anfragen angemessen zu formulieren und rein polemische Argumente, die nur die eigene Position verherrlichen, zu erkennen und auszuscheiden.

Kernstück einer vernünftigen Auseinandersetzung ist aber die Fähigkeit, persönliche Gotteserfahrung anderer zu respektieren. Es ist gute christliche Tradition und auch biblisch leicht zu belegen, daß man sich von Irrlehrern fernzuhalten hat. Doch ist dies nur *eine* Stimme, die aus dem biblischen Zeugnis spricht. Die frühe Kirche hat eine Sammlung von vier Evangelienschriften als Zeuge für das eine Evangelium kanonisiert, obwohl die Schriften in wesentlichen Punkten (wie die Geburt des Messias, das letzte

Abendmahl, die Auferstehungsgeschichten und die Interpretation des christologischen Geschehens) erheblich voneinander abweichen und sich gegenseitig korrigieren. Das Neue Testament bezeugt also, daß von Anfang an die Notwendigkeit empfunden wurde, sich mit unterschiedlichen Interpretationen der gemeinsamen Tradition auseinanderzusetzen.

Nicht nur die Warnung, sich von Irrlehrern fernzuhalten, auch die Ansicht, daß der Glaube von Mitmenschen nicht immer klar zu erkennen ist, ist gut biblisch. Das Urteil darüber bleibt dem Jüngsten Gericht vorbehalten. Diese Ansicht der frühen Kirche findet ihren klassischen Ausdruck in den Worten Jesu nach Matthäus: „Wer nun mich bekennt vor den Menschen, den will ich auch bekennen vor meinem himmlischen Vater" (Mt 10,32).

Ein fruchtbarer Dialog setzt ferner voraus, daß sich die Gesprächspartner zu ihrer Tradition bekennen, sich darin gebildet haben und ihre Standpunkte verständlich ausdrücken können. Sowenig es bei einem Dialog darum gehen sollte, den anderen dazu zu bewegen, der eigenen Glaubensgemeinschaft beizutreten, sowenig kann es darum gehen, die eigene Gemeinschaft zu verlassen.

In einer Zeit, in der die konfessionellen Grenzen zurücktreten und das gemeinsame Erbe in den Mittelpunkt rückt, ist der Dialog mit anderen religiösen Gemeinschaften eine überlebenswichtige Übung. In unserem ökumenischen Zeitalter haben wir in dieser Hinsicht keine Wahl mehr.

In den Vorarbeiten zu diesem Buch habe ich bei Gesprächspartnern, denen ich von meinem Projekt erzählte, immer wieder Angst ausgelöst: Sorge um mein Seelenheil, meine akademische Glaubwürdigkeit, oder einfach nur Angst vor dem Unbekannten. Aber Angst ist ein schlechter theologischer Berater.

c) Abkürzungen
Folgende Abkürzungen werden benutzt:
LDS *The Church of Jesus Christ of Latter-day Saints.* Salt Lake City, Utah.
RLDS *The Reorganized Church of Jesus Christ of Latter Day Saints.* Independence, Missouri.

LuB *Das Buch der Lehre und Bündnisse.* Die Ausgaben der LDS und RLDS sind in Umfang und Anordnung sehr unterschiedlich.

Die Übersetzungen englischer Texte stammen von mir, wenn nicht ausdrücklich anders angegeben.

II. Geschichte

A. Joseph Smith und die Anfänge der Bewegung

Am 28. Juni 1844 nahm Lucy Abschied von ihren Söhnen Hyrum und Joseph Smith. Die durch Einschüsse in den Kopf und Oberkörper entstellten Leichen waren gewaschen und frisch eingekleidet worden, bevor die Familie den Raum betrat. Die Mutter schreibt später:

"Ich habe mich lange seelisch darauf vorbereitet, und ich habe Gott darum gebeten, mir Kraft zu geben. Doch als ich den Raum betrat und meine ermordeten Söhne sah, beide nebeneinander ausgestreckt vor meinen Augen, und als ich das Schluchzen und Weinen meiner Familie hörte – ‚Vater! Mann! Brüder!‘ riefen ihre Ehefrauen, Kinder, Brüder, Schwestern –, wurde die Last zu schwer für mich; ich sank nieder, und aus tiefer seelischer Bedrängnis rief ich zum Herrn: ‚Mein Gott, mein Gott, warum hast du diese Familie verlassen!‘"[1]

Wie konnte es so weit kommen? Was erregte die Bevölkerung so sehr, daß sie gegen die Wachtruppen des Gouverneurs vorgingen, das Gefängnis stürmten und die beiden Brüder in der Zelle erschossen? Was hat Joseph Smith, der von seinen Anhängern als Prophet verehrt wurde, so Anstößiges verkündigt?

Die Quellenlage, um diese und weitere Fragen zu beantworten, ist ausgesprochen gut. Die relativ geringe Zeitspanne seit der Gründung der Gemeinschaft und das große Interesse, das sowohl die Anhänger als auch deren erbitterte Gegner an der Darstellung der historischen Ereignisse hatten und haben, förderte bis in jüngster Zeit immer wieder überraschende Funde zutage, und ein Ende ist nicht abzusehen.

Es sind autobiographische Schriften aus dem engsten Familienkreis erhalten: von Solomon Mack, Joseph Smiths Großvater mütterlicherseits; von seiner Mutter, Lucy Mack Smith, die im Alter ihre Memoiren verfaßte; und auf Wunsch der Familie hin

---

[1] Lucy Smith, *Biographical Sketches*, 279.

schrieb Josephs Onkel väterlicherseits, John Smith, bereits 1839 seine Darstellung früher Ereignisse nieder. Joseph Smith selbst machte sich 1832 und 1839 daran, seine Sicht der Ereignisse darzustellen. Darüber hinaus sind seine Tagebücher im Original erhalten, in denen er mit eigener Hand oder durch Diktat minutiös Tagesereignisse festhielt. Dazu kommen zahlreiche Briefe im Original, Gerichtsunterlagen der zahlreichen Prozesse, die gegen die Gemeinschaft angestrengt wurden, eine Flut von eidesstattlichen Erklärungen von Anhängern und Gegnern, Zeitungsartikel und veröffentlichte Interviews, Pamphlete und Richtigstellungen, Auszüge aus Geburtsregister, Eheregister, Kirchenregister und so weiter. Die Quellenlage könnte kaum besser sein.
Als ich mich erstmals wissenschaftlich mit der Bewegung beschäftigte und meine Literaturrecherchen im theologischen Seminar in Heidelberg begann, fand ich etwa fünfzehn Monographien, was mich sehr beruhigte. Doch als ich zwei Jahre später während einer Gastprofessur an der Yale University in den USA recherchierte, warf mir der Computer der Universitätsbibliothek über 1400 Buchtitel aus, die meisten davon waren in den letzten fünfzehn Jahren erschienen. Die hervorragende Quellenlage scheint mir ein Hauptgrund für die Flut wissenschaftlicher Veröffentlichungen zu sein. Man muß nicht tief graben, um Neues zu entdecken, und viele Schätze sind bereits gehoben.

Die Ursprünge der Mormonen liegen in den ersten Jahrzehnten des neunzehnten Jahrhunderts. Es war dies eine Zeit der wirtschaftlichen Umbrüche. Das achtzehnte Jahrhundert hatte mit dem Befreiungskrieg von den Engländern und der Gründung der Vereinigten Staaten eine schwere Last auf die Bevölkerung gelegt. Der karge, dem Wald mühevoll abgerungene Boden Neuenglands und das unfreundliche Klima an der Ostküste des Staatenbundes waren nicht ideal für landwirtschaftliche Nutzung, wovon die meisten Familien lebten. Die neu erschlossenen Gebiete im Westen erweckten Hoffnungen, und wer bereit und finanziell in der Lage war weiterzuziehen, hatte eine realistische Chance, sich wirtschaftlich zu verbessern. Wenn der Großteil des Familienverbandes, zu dem Joseph Smith gehörte, von Massachusetts und New Hampshire zunächst in das Gebiet der großen Seen im Staate New York zog, dann nach Ohio, Missouri und Illinois, so ist er einem allgemeinen Trend gefolgt.

1. Großeltern mütterlicherseits

Joseph Smith stammte aus einer Familie, die bereits vier Generationen zuvor nach Amerika ausgewandert war. Auch wenn man sich der Verbindung zur Alten Welt bewußt war, so spielte sie keine Rolle mehr. Der Großvater mütterlicherseits, Solomon Mack, hat eine kurze Autobiographie hinterlassen. Seine Darstellung beschreibt das Leben im Neuengland des achtzehnten Jahrhunderts als einen Kampf ums wirtschaftliche Überleben. Als Solomon vier Jahre alt war, gerieten die Eltern in so große finanzielle Schwierigkeiten, daß sie sich gezwungen sahen, ihre Kinder zur Bezahlung ihrer Verpflichtungen in Kindsknechtschaft zu geben. Solomon, zwei seiner Brüder und eine Schwester wurden auf verschiedene Haushalte verteilt. Bis zu seinem einundzwanzigsten Lebensjahr arbeitete er für eine andere Familie, wurde nach eigenen Aussagen schlecht behandelt und erhielt so gut wie gar keine Schulbildung. Er kämpfte anschließend kurzzeitig als Soldat, machte sich dann als Marketender selbständig und erwirtschaftete genug, um sich einen kleinen Bauernhof zu kaufen und zu heiraten. 1775 kam seine Tochter Lucy Mack, Joseph Smiths Mutter, als eines von acht Kindern zur Welt. Damals wohnte die Familie in Gilsum, New Hampshire, einem Ort mit 178 Einwohnern. Doch das Einkommen durch den Bauernhof reichte nicht aus, und Solomon sah sich gezwungen, anderen Arbeiten nachzugehen, die ihn oft für längere Zeit von zu Hause wegführten. Der seit 1776 andauernde amerikanische Befreiungskrieg belastete die wirtschaftliche Situation sehr. Bei Rodungsarbeiten geriet Solomon 1777 unter einen Baum, den sein Sohn gefällt hatte, und wurde schwer verletzt. Er hat sich zeitlebens nie ganz davon erholt. 1779 ließ er sich mit seinen Söhnen Jason und Stephen, die 13 und 19 Jahre alt waren, auf einem Kriegsschiff anheuern. Durch ungewöhnlich günstige

Umstände gelang es dem Kapitän im April und Juni 1779, acht britische Schiffe vor der Küste Long Islands zu kapern. Den Anteil, den die drei als Belohnung erhielten, investierten sie in einen Umzug der Familie weiter nach Westen. Doch ihre Hoffnung auf eine Verbesserung der wirtschaftlichen Lage erfüllte sich nicht.[2]

2. Großeltern väterlicherseits

Asael Smith, Josephs Großvater väterlicherseits, wurde als letztes von fünf Kindern geboren. Sechs Monate nach seiner Geburt starb die Mutter. Der Vater heiratete bald darauf noch einmal, doch Asael fühlte sich zeitlebens von der Stiefmutter schlecht behandelt. Als er alt genug war, sich selbständig zu machen, war es dem Vater, der für die vier älteren Geschwister gesorgt hatte, finanziell nicht möglich gewesen, auch seinem jüngsten Sohn eine Starthilfe mit auf den Weg zu geben. So sah sich der 23jährige Asael gezwungen, noch nach seiner Heirat im Elternhaus zu wohnen.

Als Asael Smith den 72jährigen Vater zum letzten Mal besuchte, nahm ihm dieser auf dem Sterbebett das Versprechen ab, sich um die Stiefmutter zu kümmern. Trotz geringer finanzieller Möglichkeiten löste Asael das Versprechen ein und nahm sie bei sich auf. Die Stiefmutter, die selbst keine Kinder gehabt hatte, machte es dem Haushalt nicht leicht. Mit ihr übernahm Asael auch die Schulden seines Vaters. Diese Last wurde über die Jahre zu schwer, und so entschloß sich die Familie 1791, den Hof zu verkaufen und weiterzuziehen. Die Stiefmutter allerdings wurde abgefunden und blieb zurück.

Den Sommer zuvor waren die beiden ältesten Söhne, Jesse und Joseph sen., der Vater von Joseph Smith, vorausgezogen und hatten mit den Rodungsarbeiten auf dem neuerworbenen Grundstück in Vermont begonnen. Eigentlich sollten sie alles vorbereiten für die Familie, die im Frühjahr nachkommen wollte. Doch der Vater konnte den Gedanken, von seinen Söhnen getrennt den Winter zu verbringen, nicht ertragen, und so traten alle noch im

---

[2] Bushman, *Joseph Smith*, 11-17.

Oktober die beschwerliche Reise an. Die nur mit Rinde abgedeckte, etwa zwanzig Quadratmeter große Hütte, die sich die beiden Brüder als provisorische Unterkunft für ihre Sommerarbeit gebaut hatten, mußte nun der gesamten Familie als Behausung für den Winter dienen.[3]

Als Asael 1830 vom Buch Mormon erfuhr, das seinem Enkel offenbart worden war, war er sehr davon angetan. Er berichtete von einer Prophezeiung, die er erhalten hatte und die von einem neuen Evangelium sprach, das in Erscheinung treten würde. Für ihn war mit dem Buch Mormon diese Weissagung erfüllt.

Asael selbst war zeitlebens Universalist. Er starb, als er das Buch Mormon zur Hälfte durchgelesen hatte, ohne der Gemeinschaft durch Taufe beigetreten zu sein.

3. Joseph Smiths Jugend und frühe Visionen

Joseph Smith wurde am 23. Dezember 1805 in Sharon, Vermont, als viertes Kind von Joseph und Lucy (Mack) Smith geboren.

a) Typhus

Im Jahre 1812 – Joseph war gerade sieben Jahre alt – brach eine Typhusepidemie aus, der etwa 6 000 Menschen zum Opfer fielen. Alle Kinder der Familie Smith erkrankten. Nach zwei Wochen senkte sich bei Joseph das Fieber, doch stellte sich bald heraus, daß sich sein Schienbeinknochen entzündet hatte. Knocheninfektionen waren bei Typhus eine nicht seltene Komplikation, und den Ärzten blieb oftmals nichts anderes übrig, als den befallenen Körperteil zu amputieren. Das Bein schwoll an, und der Junge litt unsägliche Schmerzen. Die Mutter trug ihn den ganzen Tag im Arm und pflegte ihn, so gut sie konnte. Als sie selbst erkrankte, ausgezehrt und erschöpft, übernahm der ältere Bruder Hyrum die Aufgabe der Mutter. Joseph wurde ins Bett gelegt, und Hyrum blieb Tag und Nacht bei ihm und nahm das

---

[3] Asaels Sohn John berichtet davon in einem autobiographischen Abschnitt in seinem Tagebuch, Vogel (Hg.), *Early Documents*, 560. Zu Asael vgl. Bushman, 20–29.

kranke Bein fest in die Hände, da dies offensichtlich den Schmerz linderte. Der Zustand jedoch verschlimmerte sich.

Im Abstand von drei Wochen schnitt der zu Hilfe gerufene Arzt zweimal tief, beim zweiten Mal bis auf den Knochen. Doch der anfängliche Heilerfolg war nur von kurzer Dauer. Die Eltern taten ihr Möglichstes. Ein Team von Spezialisten wurde bestellt. Einer der zu Hilfe gerufenen Chirurgen war Nathan Smith, der in Harvard ausgebildet worden war, sich während der Typhusepidemie mit seinen Methoden einen Namen gemacht hatte und wenige Monate später an die Yale University berufen wurde. Begleitet war Nathan Smith von Cyrus Perkins vom angesehenen Dartmouth Medical College und von einigen weiteren Ärzten. Als die Mediziner vorschlugen, das Bein zu amputieren, verweigerte die Mutter den Ärzten den Zutritt zum Krankenzimmer. Und auch Joseph wollte nichts davon wissen. Nach zähen Verhandlungen einigten sich die Ärzte mit der Mutter darauf, eine von Nathan Smith entwickelte, aber noch nicht allgemein anerkannte Operationstechnik zu versuchen, bei der große Teile des entzündeten Knochens entfernt wurden.

Als die Ärzte mit der Operation begannen, verließ die Mutter das Haus, begab sich außer Hörweite und überließ den Sohn der Obhut seines Vaters, der ihn mit den bloßen Armen festhielt. In dieser Situation, das Haus voller Ärzte, den leidenden Sohn und die besorgte Ehefrau vor Augen, brach der Vater in Tränen aus und „weinte wie ein kleines Kind", berichtet Lucy. Gewöhnlich wurde den Patienten vor der Operation zur Schmerzlinderung Alkohol eingeflößt, oder sie wurden auf dem Bett festgebunden. Beides verweigerte Joseph nach dem Bericht seiner Mutter, er zog es vor, nur vom Vater gehalten zu werden. Die Chirurgen bohrten Löcher auf beiden Seiten des entzündeten Knochenbereiches und brachen mit einer Zange drei zwischen den Bohrungen liegenden Stücke heraus. Joseph schrie so laut, als der erste Knochensplitter entfernt wurde, daß es die Mutter hörte, zum Haus zurücklief und ins Krankenzimmer stürzte. Mit energischen Worten schickte sie der Siebenjährige wieder fort. Als der dritte Splitter entfernt wurde, lief sie wieder ins Zimmer. „Was für ein Anblick für eine Mutter!"

schrieb Lucy später in ihrer Autobiographie, „die Wunde war weit aufgerissen; mein Junge und das Bett, auf dem er lag, waren blutüberströmt, und Blut schoß immer noch ungehindert aus der Wunde; leichenbleich war er, und große Tropfen Schweiß rannen ihm über das Gesicht, das von unbeschreiblichem Schmerz gezeichnet war."[4]

Diesmal wurde Lucy gewaltsam aus dem Zimmer gebracht und vom Patienten ferngehalten, bis die Operation beendet, das Bett frisch überzogen und alle Instrumente aufgeräumt waren.

Die nächsten drei Monate litt Joseph unter ständigen Schmerzen. Vierzehn weitere Knochensplitter arbeiteten sich durch die Haut. Er verlor so viel Gewicht, daß die Mutter den Jungen jetzt ohne Schwierigkeiten tragen konnte. Es sollte drei volle Jahre dauern, bis Joseph wieder ohne Krücken gehen konnte, ganz gesundet ist das Bein aber nie. Bis an sein Lebensende hinkte Joseph Smith leicht.

Die Begebenheit ist bezeichnend auch für andere Katastrophen, die die Smiths überstehen mußten. In der Familie war es die Mutter, die oft die wichtigen Entscheidungen über die Zukunft fällte und resolut die Initiative ergriff. Sie erscheint als eine starke Persönlichkeit, die sich auszudrücken wußte, Konfrontationen nicht aus dem Weg ging, wenn sie nötig waren, und sich manchmal den Wünschen ihrer Umwelt schlicht verweigerte. Der Vater andererseits stellt sich einfühlsam dar. Die Szene am Krankenbett des Sohnes zeigt den Vater zunächst emotional zutiefst bewegt und erschüttert, während die Mutter einen kühlen Kopf bewahrt. Sie verhandelt mit den Ärzten, während er bei seinem Sohn sitzt und weint. Doch nachdem die Entscheidung getroffen war, verläßt die Mutter den Raum, und der Vater hält den Sohn fest.

Es scheint mir wichtig, zu verstehen, wie eng Joseph Smith in seinen Familienverband eingebunden war. Auf dem Hintergrund der harten wirtschaftlichen Verhältnisse war es überlebenswichtig, daß jeder jedem zur Hilfe kam. Aber auch das religiöse Erleben

---

[4] Lucy Smith History 1845 = Vogel (Hg.), *Early Documents*, 266. Vgl. Bushman, *Joseph Smith*, 32 f; Joseph Smith History 1839 Note A = Vogel (Hg.), *Early Documents*, 140-143.

findet in der Familie und nicht in der Kirche statt. Man liest die Bibel laut im Familienkreis, der Großvater Asael spricht ohne Scheu von Visionen, und man fühlt sich keiner bestimmten Konfession verpflichtet. Joseph blieb zeit seines Lebens seinen Brüdern aufs engste verbunden, und seine Eltern und Schwestern sollten sich als große Stütze erweisen in den schweren Zeiten, die die Familie noch erwarteten.

b) Die erste Vision
Das Erlebnis, das später als ‚erste Vision' bezeichnet wurde und das so grundlegend für die narrative Tradition der Glaubensgemeinschaft wurde, hat sich wenig spektakulär und von der Umwelt so gut wie unbemerkt zugetragen. Nicht einmal seinen Eltern und Geschwistern hatte er davon erzählt (Bushman 54). Joseph Smith bringt das Erlebnis zum ersten Mal 1832 zu Papier. Er ist sich zu diesem Zeitpunkt nicht mehr ganz sicher, in welchem Jahr er die Vision erlebt hatte.
Die hier wiedergegebene Fassung ist übersetzt aus der Edition eines Manuskriptes, das Smith zusammen mit Frederick G. Williams zwischen dem 20. Juli und 27. November 1832 in Kirtland, Ohio, niedergeschrieben hat. Es beginnt mit dem Satz „Eine Geschichte des Lebens von Joseph Smith jr.". Das Vorhaben wurde ohne ersichtlichen Grund aber nicht fortgesetzt, der Text wurde zu Smiths Lebzeiten nicht veröffentlicht, und mir ist auch nicht bekannt, ob eine deutsche Übersetzung davon existiert. Meine Übersetzung beruht auf der von Dan Vogel erstellten Edition des handgeschriebenen Manuskriptes, das heute im LDS-Kirchenarchiv in Salt Lake City aufbewahrt wird. Williams und Smith haben sich beim Schreiben abgewechselt, den übersetzten Abschnitt hat Joseph Smith mit eigener Hand geschrieben.

Ich rief zu Gott um Gnade, da es sonst niemanden gab, an den ich mich hätte wenden können, um Gnade zu erlangen. Und der Herr erhörte mein Rufen in der Wildnis. Und während ich gerade den Herrn anrief, ich war 16 Jahre alt, senkte sich eine Lichtsäule, die heller schien als die Mittagssonne, von oben

herab und ruhte auf mir, und ich wurde vom Geist Gottes erfüllt, und der Herr öffnete die Himmel über mir, und ich sah den Herrn, und er sprach zu mir und sagte:
„Joseph, mein Sohn, deine Sünden sind dir vergeben. Gehe deinen Weg, folge meinen Bestimmungen und gehorche meinen Geboten. Siehe, ich bin der Herr der Herrlichkeit, ich wurde für die Welt ans Kreuz geschlagen, damit alle, die an meinen Namen glauben, das ewige Leben erlangen. Siehe, die Welt liegt in Sünde heute, und keiner tut Gutes, nicht einer. Sie haben sich vom Evangelium abgewandt und halten meine Gebote nicht. Sie nähern sich mir mit Lippenbekenntnissen, aber ihre Herzen sind weit von mir entfernt, und mein Zorn ist entfacht gegen die Bewohner der Erde, um sie heimzusuchen gemäß ihrer Gottlosigkeit und damit sich das erfüllt, was aus dem Munde der Propheten und Apostel gesprochen wurde. Siehe da, ich komme bald, wie es von mir geschrieben steht, in der Wolke, gekleidet in der Herrlichkeit des Vaters."
Und viele Tage lang war meine Seele erfüllt von Liebe, und viele Tage lang war ich überglücklich vor Freude. Aber ich konnte niemanden finden, der die himmlische Vision glauben würde. Doch ich bewegte diese Dinge in meinem Herzen.[5]

Es wurde gelegentlich darauf hingewiesen, daß sich diese ‚Vision' kaum von einem Bekehrungs- oder Wiedergeburtserlebnis unterscheidet, wie es in den Erweckungsbewegungen dieser Zeit häufig vorkam. Es enthält typische Elemente wie Sündenerkenntnis, Erfahrung der Vergebung durch den gekreuzigten Christus, kritische Einstellung gegenüber der etablierten Kirche und euphorisches Erleben der Umwelt.

Doch die Version, die Smith drei Jahre später in sein Tagebuch schrieb, ist deutlich erweitert und scheint sich im Charakter zu unterscheiden. Er berichtet, daß seine Zunge im Munde so stark anschwoll, daß er nicht sprechen konnte, als er versuchte zu beten. Plötzlich hörte er Schritte hinter sich.

---

[5] Vogel (Hg.), *Early Documents*, 28–29.

Das Geräusch der Schritte schien immer näherzukommen. Ich sprang auf und drehte mich um, doch konnte ich keine Person oder Sache sehen, die so ein Geräusch von Schritten hätte erzeugen können. Ich kniete noch einmal nieder, mein Mund wurde geöffnet und meine Zunge gelöst, *und ich rief den Herrn an in mächtigem Gebet.*
Eine Feuersäule erschien über meinem Kopf und senkte sich sogleich auf ~~meinen Kopf~~ <u>mich</u> *und erfüllte mich mit unbeschreiblicher Freude. Eine Person erschien in der Mitte der Flammensäule, die sich weit ausgebreitet hatte, aber nichts versengte. Eine weitere Person wie die erste erschien kurz darauf. Sie sagte zu mir: „Deine Sünden sind dir vergeben." Sie bezeugte mir, daß Jesus Christus der Sohn Gottes sei.* <u>Und ich sah viele Engel in dieser Vision.</u>
Ich war ungefähr vierzehn Jahre alt, als sich diese erste Begegnung ereignete.[6]

Erlösung kam, als sich die Lichtsäule auf ihm niederließ. In der ersten Fassung von 1832 sprach Smith lediglich vom Herrn im Licht, dessen Botschaft der Vergebung er vernommen hatte. In der zweiten Fassung von 1835 beschrieb er, daß zunächst eine Person erschien und wenig später eine zweite Person. Und in seinem dritten Bericht von 1838 schilderte er sogar, daß die erste Person auf die zweite Person deutete und sprach: „Dies ist mein geliebter Sohn, höre auf ihn!"

Es geschah am Morgen eines schönen, klaren Tages im Frühjahr 1820. Es war das erste Mal in meinem Leben, daß ich es versuchte, denn in all meinen Nöten hatte ich niemals zuvor versucht, laut zu beten.
Nachdem ich mich an den Platz zurückgezogen hatte, den ich mir vorgenommen hatte, blickte ich mich um, und als ich mir sicher war, allein zu sein, kniete ich nieder und begann Gott mein Herz auszuschütten. Ich hatte kaum damit begonnen, als ich von einer Macht ergriffen und so vollständig überwältigt wurde, daß meine

---

[6] Eintrag vom 9. November 1835, Faulring (Hg.), *Record*, 51; Streichungen im Autographen sind markiert, Ergänzungen sind unterstrichen.

Zunge wie gelähmt war und ich nicht sprechen konnte. Tiefe Dunkelheit legte sich über mich, und mir schien für einen Moment, daß mein Ende plötzlich gekommen sei.
Doch als ich all meine Kräfte zusammennahm und Gott anrief, daß er mich erlösen solle aus der Macht seines Feindes, die mich ergriffen hatte, und genau zu diesem Zeitpunkt, als ich drauf und dran war, mich der Verzweiflung hinzugeben und mich dem Untergang auszuliefern – nicht einem Produkt meiner Einbildung, sondern der Macht eines tatsächlichen Wesens aus der unsichtbaren Welt, das solch eine unheimliche Macht ausübte, wie ich sie nie zuvor bei irgend jemandem erlebt hatte – genau in diesem Augenblick der größten Gefahr sah ich eine Lichtsäule über meinem Kopf, heller als die Sonne, die sich langsam auf mich senkte, bis sie mich vollständig umgab.
Und sofort spürte ich, daß ich von dem Feind erlöst war, der mich in seinen Bann geschlagen hatte. Als das Licht auf mir ruhte, sah ich zwei Personen, deren Helligkeit und Herrlichkeit unbeschreiblich war, über mir in der Luft stehen. Eine der Personen sprach zu mir, rief mich bei meinem Namen und sagte, während sie auf die andere Gestalt deutete: ,,Das ist mein geliebter Sohn. Höre auf ihn!"
Ich hatte mich ursprünglich ja zum Gebet zurückgezogen, um vom Herrn zu erfahren, welche der vielen Sekten denn recht hätte, damit ich wüßte, welcher ich beitreten sollte. Sobald ich also meine Beherrschung wiedergewonnen hatte und wieder reden konnte, fragte ich deshalb die Personen, die über mir im Licht standen, welche der vielen Sekten denn recht hätte und welcher ich beitreten sollte.
Ich erhielt zur Antwort, daß ich keiner Sekte beitreten sollte, denn sie seien alle im Irrtum. Und die Person, die mich ansprach, sagte, daß all ihre Glaubensbekenntnisse ein Greuel seien in seinen Augen; daß diejenigen, die sie verkünden, falsche Lehrer seien; daß ,,sie mich mit den Lippen ehren, aber ihr Herz ist fern von mir, sie verbreiten Lehren, die nichts sind als Menschengebot: sie erscheinen gottesfürchtig, aber sie verleugnen dessen Macht".

Und wiederum verbot er mir, irgendeiner Sekte beizutreten; und er sagte mir noch viele andere Dinge, die ich jetzt nicht niederschreiben kann. Als ich wieder zu mir kam, lag ich auf dem Rücken und blickte nach oben in den Himmel.[7]

Alle drei Fassungen erwähnen eine Feuer- oder Lichtsäule, die sich auf Joseph Smith herabsenkt. Doch sind die Unterschiede unübersehbar.

Da ist zunächst die Anzahl der erschienenen Gestalten. Die erste Version spricht nur von einer Person. Die Formulierung „ich wurde für die Welt ans Kreuz geschlagen" macht deutlich, daß es sich dabei um Jesus Christus handelt. In der zweiten Version werden zwei Personen genannt. Die zweite Person spricht Joseph die Sündenvergebung zu und bezeugt, „daß Jesus Christus der Sohn Gottes ist". Damit besteht die Möglichkeit, die zweite Person als Gott den Vater zu verstehen, der für Joseph den Sohn identifiziert. Dies wird aber aus dem Text nicht ganz deutlich. Zusätzlich werden Engel erwähnt. Erst in der dritten Version ist die Identifikation der beiden Personen als Gott und Christus eindeutig. Engel werden in der dritten Fassung nicht erwähnt.

Während in der ersten und zweiten Fassung noch die Sündenvergebung im Mittelpunkt steht, fehlt dieses Element in der dritten vollständig. Damit verschiebt sich der Charakter des Erlebnisses sehr. Aus einer Bekehrung wird eine Belehrung über die wahre Kirche. Während Joseph in der ersten Fassung um Gnade fleht, bittet er in der dritten Fassung lediglich um Erleuchtung, welche der verschiedenen christlichen Gemeinschaften recht habe.

Den offensichtlichsten Unterschied bildet aber sicherlich die unterschiedliche Datierung. In der ersten Fassung ist Joseph Smith 16 Jahre alt, in der zweiten und in der letzten, die das Ereignis ins Frühjahr 1820 datiert, ist Smith, der am 23. Dezember 1805 geboren wurde, 14 Jahre alt.

Die ersten beiden Versionen schildern die Vision als Ereignis, das Smith bei vollem Bewußtsein erlebte. In der Fassung von 1838, die einzige, die zu Lebzeiten Joseph Smiths veröffentlicht wurde

---

[7] Vogel (Hg.), *Early Documents*, 60–61.

und die auch heute noch als Teil der *Pearl of Great Price (Köstliche Perle)* abgedruckt wird, ist die Vision als ein Erlebnis geschildert, von dem Smith am Ende wie aus einem Traum erwacht.

Da der Rahmen der ersten Version sehr spärlich ausfällt, fehlen Elemente, die später für die Kirche wichtig wurden: Erweckungen werden nicht erwähnt, und die satanische Macht, die Smith bedrängte, fehlt.

Was sich hier so leicht nebeneinanderstellen läßt, war nicht von Anfang an bekannt, und die Entdeckung und Veröffentlichung der verschiedenen Versionen leitete für viele Mitglieder der Glaubensgemeinschaft einen schmerzvollen Lernprozeß ein, da der liebgewonnene offizielle Text nun in fragwürdigem Licht erschien. Die älteste Fassung von 1832 war lange Zeit in den Archiven der LDS in Salt Lake City unter Verschluß gehalten und wurde zum ersten Mal von Paul Cheesman im Rahmen einer Magisterarbeit im Jahre 1965 bearbeitet.[8]

Die Unterschiede der drei Versionen sind von Gegnern der Bewegung oft mit Hingabe ausgeschlachtet worden, aber auch die gläubigen Mitglieder haben die Diskrepanzen meist als Problem empfunden. Die verschiedenen Fassungen suggerieren, daß das Ereignis gar nicht stattgefunden hat, sondern von Joseph erfunden wurde.

Was sich historisch auch immer zugetragen hat, die verschiedenen Versionen machen deutlich, wie sich im Laufe der Jahre in Smiths

---

[8] Paul R. Cheesman, *An Analysis of the Accounts Relating Joseph Smith's Early Visions*, Brigham Young University: M.A. thesis, 1965. Eine weitere Fassung von 1835, die Joseph Smiths Tagebuch entnommen und mit der oben übersetzten zweiten Version literarisch verwandt ist, wurde im Frühjahr 1971 veröffentlicht. Dean C. Jesse, „How Lovely was the Morning", *Dialogue: A Journal of Mormon Thought*, 6 (1971) 85–88. Vgl. Auch Milton V. Backman, *Joseph Smith's First Vision: The First Vision in Historical Context* (Salt Lake City: Bookcraft, 1971). Die Texte sind mittlerweile mehrfach herausgegeben worden, z.B. in den vorbildlich angelegten Editionen von Dan Vogel (Hg.), *Early Documents*, und Scott Faulring (Hg.), *Record*.

Augen die Bedeutung dieser ersten Vision verschoben hat. Aus einem persönlichen Bekehrungserlebnis wird die Gründungslegende einer neuen Glaubensgemeinschaft.

Auf die Mutter Lucy Smith hat die erste Vision keinen tiefen Eindruck gemacht. Der angeblichen Aufforderung Gottes an Joseph, sich keiner der traditionellen Konfessionen anzuschließen, ist sie offenbar nicht gefolgt. In den Kirchenbüchern Palmyras werden Lucy und ihre beiden Söhne Samuel und Hyrum noch bis in das Jahr 1830 als Mitglieder der presbyterianischen Kirchengemeinde geführt. Zu diesem Zeitpunkt erlosch die Mitgliedschaft, weil sie seit „mindestens 18 Monaten" am Gemeindeleben nicht mehr aktiv teilgenommen hatten.[9]

Und als Lucy Smith ihre Autobiographie verfaßt, hat sie in der erhaltenen Manuskriptfassung von 1845 die erste Vision gar nicht erwähnt, im Druck von 1853 wurde an der Stelle ausführlich und unter korrekter Quellenangabe die offizielle dritte Version zitiert.[10]

c) Die zweite Vision

Während also die Umgebung Joseph Smiths von der ersten Vision wenig oder nichts erfuhr, war die Familie intensiv mit einbezogen, als er am 21. September 1823 die nächste Vision erlebte.

Es war nachts, und die Familie schlief, als ein Engel mit Namen Moroni bei Joseph im Schlafzimmer erschien und von Urkunden der Vorzeit erzählte, die auf einem nahe gelegenen Hügel vergraben seien. Die Erscheinung wiederholte sich dreimal in jener Nacht. Am nächsten Morgen fiel dem Vater bei der Feldarbeit auf, daß mit Joseph etwas nicht stimmte, und er schickte den Siebzehnjährigen nach Hause, damit er sich ausruhen sollte. Auf dem Weg brach Joseph zusammen, und wieder erschien ihm

---

[9] Fawn M. Brodie, *No Man Knows My History* (erweiterte Ausgabe von 1971), 410 f (non vidi); vgl. Vogel (Hg.), *Early Documents*, 307 f., Anm. 106.

[10] Vgl. Vogel, *Early Documents*, 288; Lucy Smith, *Biographical Sketches*, 74–78.

Moroni und wiederholte seine Botschaft. Joseph kehrte nun zum Vater zurück und berichtete von seinem Erlebnis. Der Vater ermutigte ihn, zu überprüfen, ob an der vom Engel angezeigten Stelle tatsächlich etwas verborgen sei. Am Abend berichtete Joseph der versammelten Familie, daß er beschriebene Tafeln gefunden habe, daß ihm Moroni aber verwehrt habe, die Tafeln aus dem Versteck zu entfernen. Die Zeit dafür wäre noch nicht gekommen.

Auch diese sogenannte zweite Vision von 1823 scheint sich kaum auf die religiöse Praxis der Familie ausgewirkt zu haben. Die Mitgliedschaft der Mutter und zweier Brüder in der presbyterianischen Gemeinde ist ein deutliches Indiz dafür. Die Mutter Lucy erklärt sich später die mangelnde Reaktion aus der tiefen Trauer heraus, die die Familie empfand, als ihr Sohn Alvin bald nach der Entdeckung der Tafeln starb. Alvin war Joseph sehr nahegestanden. Wenn nun die Rede auf Josephs Offenbarungen kam, so mußten alle an Alvin denken, und um den Schmerz zu vermeiden, sprach die Familie nicht über das Thema.[11]

1826 erscheint Joseph Smith in Gerichtsakten. Er hatte offensichtlich einen Auftrag angenommen, seine übernatürlichen Fähigkeiten bei der Suche nach einem Schatz einzusetzen. Jedoch ohne Erfolg. Der geschädigte Auftraggeber nun wollte sein Recht einklagen, und es kam am 20. März zur Verhandlung, bei der Smith vernommen wurde.[12]

Im Januar des folgenden Jahres heiratete Joseph Emma Hale, mit der er bis an sein Lebensende 17 Jahre später zusammenlebte. Im September des gleichen Jahres 1827 erhielt er angeblich die Tafeln vom Engel Moroni und machte sich sogleich an die Übersetzung.

Im Jahre 1830 hatte Joseph Smith die Übertragung der Tafeln ins Englische abgeschlossen und ließ das Buch unter dem Titel *Buch Mormon* veröffentlichen.

Nur Jesse Smith, der Onkel, der mit Joseph sen. die Blockhütte gebaut hatte, und zwei Tanten waren dem Buch Mormon

---

[11] Vogel (Hg.), *Early Documents*, 304 f.
[12] Bushman, *Joseph Smith*, 74.

gegenüber kritisch eingestellt. Alle anderen Familienmitglieder überwanden ihre anfängliche Skepsis und traten in die Bewegung ein.[13]

B. Kirchengründung, Ausbreitung, Verfolgungen

Am 6. April 1830 kam es in Fayette, New York, im Haus von Peter Whitmer, einem Einwanderer aus Deutschland, zur Kirchengründung. Die ursprüngliche Bezeichnung der Gemeinschaft lautete *The Church of Christ*, sie wurde 1834 in *The Church of the Latter Day Saints* umbenannt und 1836 schließlich *The Church of Christ of Latter Day Saints* genannt. Der moderne Name der LDS, *The Church of Jesus Christ of Latter-day Saints*, geht auf eine Offenbarung an Joseph Smith vom 26. April 1838 zurück.[14]
Bereits im ersten Jahr nach der Gründung, 1831, wurde das Zentrum der Gemeinschaft nach Kirtland, Ohio, verlegt. Etwa gleichzeitig entstanden Siedlungen in Missouri mit einem Zentrum in Independence, dem Ort, an dem nach Smiths Überzeugung Jesus Christus wiederkommen würde.
Die neue Glaubensgemeinschaft wurde von ihren christlichen Nachbarn meist nicht freundlich aufgenommen. Es kam zu Drohungen und regelrechten Verfolgungen. 1839 verließen die meisten Gläubigen Kirtland und ihre Siedlungen in Missouri und gründeten in Illinois am Mississippi die Stadt Nauvoo, die rasch durch den Zuzug neuer Mitglieder wuchs. Fünf Jahre später, 1844, zählte Nauvoo bereits circa 12 000 Einwohner und war damit die größte Stadt des Bundesstaates Illinois, größer als Chicago. Um sich vor Übergriffen der Nachbarn zu schützen, beantragte man unter der Führung von Joseph Smith beim Staat Illinois die Erlaubnis, eine eigene Schutztruppe zu halten. Der Antrag wurde genehmigt und die sogenannte ‚Nauvoo Legion' gegründet.

---

[13] John Smith Reminiscence, Onkel von Joseph Smith jr. und Bruder von Joseph Smith sen.; Vogel (Hg.), *Early Documents*, 561–564.
[14] LDS LuB 115,4.

Nauvoo verdeutlicht die pragmatische Seite der Glaubensgemeinschaft. Am äußersten Rand der weißen Zivilisation im Westen wohnend, entwässerten die Siedler erfolgreich Sümpfe, setzten eine Stadtverwaltung ein, gründeten eine Universität, organisierten eine militärische Schutztruppe und bauten einen Tempel.
Die feindselige Haltung gegenüber den Mormonen läßt sich zum großen Teil zurückführen auf Angst vor dem verstärkten Wettbewerb und auf allgemeinen Ärger über die Praxis, daß allen Mitgliedern vorgeschrieben wurde, was sie bei öffentlichen Wahlen zu wählen hatten. Das Bekenntnis zur Demokratie bildete einen Grundpfeiler des noch jungen amerikanischen Staatenbundes, und das Wahlverhalten der Mormonen wurde von der Umgebung als zutiefst undemokratisch empfunden. So war es 1838 in Missouri zu Handgreiflichkeiten gekommen, weil einige Mormonen bei der Wahl behindert wurden. Die Schlägerei nahm der Gouverneur von Missouri, Lilburn W. Boggs, zum Anlaß, um am 27. 10. 1838 die Verfügung zu erlassen: „Um den öffentlichen Frieden zu gewährleisten, müssen die Mormonen als Feinde betrachtet werden. Sie müssen ausgerottet oder aus dem Staat vertrieben werden." In der Folge wurden mit militärischer Gewalt an die zehntausend Männer, Frauen und Kinder von ihrem rechtmäßig erworbenen Grundbesitz vertrieben. Joseph Smith, der sich 1839 an den Präsidenten Martin van Buren mit der Bitte um finanzielle Entschädigung für die verlorenen Güter wandte, erhielt zur Antwort: „Gentlemen, Ihre Sache ist gerecht, aber ich kann nichts für Sie tun. Falls ich auf Ihre Wünsche eingehe, verliere ich die Stimme Missouris."[15]
Dieser ‚Exterminations-Befehl' wurde erst 1976 vom amtierenden Gouverneur von Missouri offiziell zurückgenommen, der sich öffentlich für das Fehlverhalten der Regierung entschuldigte.
Sehr bald nach 1840 wurde der Mißmut noch dadurch verstärkt, daß Smith offensichtlich dazu überging, die Gemeinschaft autoritär zu führen. Außerdem wurden immer wieder Gerüchte laut, daß die Gemeinschaft Polygamie praktiziere. Diese Vorwürfe

---

[15] „Gentlemen, your cause is just, but I can do nothing for you. If I take up for you, I shall lose the vote of Missouri", Roberts (Hg.), *History*, 4, 80.

wurden zwar offiziell von der Kirchenleitung dementiert, stellten sich später aber doch als zutreffend heraus.

C. Joseph Smiths Tod

Im Juni 1844 wurden Joseph Smith und sein älterer Bruder Hyrum (geboren 1800) in Untersuchungshaft genommen und in das dreißig Kilometer von Nauvoo entfernte Gefängnis von Carthage verlegt, wo die Gerichtsverhandlung stattfinden sollte. Anlaß war das Erscheinen der ersten Ausgabe des *Nauvoo Expositor*, einer neugegründeten ortsansässigen Zeitung, die die Kirchenführer kritisierte. Der vor allem aus Mormonen zusammengesetzte Stadtrat beschloß, die Stadtpolizei damit zu beauftragen, das Redaktionsbüro zu stürmen und die Druckerpresse zu zerstören. Der Beschluß wurde in die Tat umgesetzt.

Die Betroffenen leiteten rechtliche Schritte ein und erhoben Anklage gegen den Stadtrat. Die beiden prominentesten Räte, Joseph und Hyrum Smith, wurden daraufhin verhaftet. Neben der Demokratie und der Monogamie sah die Umgebung nun auch das Recht auf freie Meinungsäußerung in Frage gestellt. Obwohl der Gouverneur von Illinois persönlich für die Sicherheit der Gefangenen garantierte, gelang es einer aufgebrachten Volksmenge am 27. Juni 1844 ohne große Schwierigkeiten, das Gefängnis zu stürmen und die beiden Brüder, die bewaffnet waren und sich bis zum Schluß tapfer wehrten, zu erschlagen.

1. William Law, der Nauvoo Expositor und Smiths Verstoß gegen die Pressefreiheit
Diese Ereignisse sollen nun näher dargestellt werden. Sie zeichnen ein Bild des inneren und äußeren Zustandes der Gemeinschaft, ohne das die Entwicklung der unterschiedlichen Splittergruppen nach dem Tode des Propheten nicht zu verstehen ist.[16]

---

[16] Zu den im folgenden geschilderten Ereignissen vgl. Mössmer, *Mormonen*, 114-122. Brodie, *No Man Knows My History*, 367-395.

William Law, einer der engsten Berater Smiths, ein wohlhabender kanadischer Neubekehrter, der 1839 nach Nauvoo gezogen war und erheblich in die Stadt investiert hatte, löste eine Kette von Ereignissen aus, die zur Verhaftung und in der Folge zur Ermordung des Propheten führte. William Law fand, daß Smith seine Kompetenzen als Prophet Gottes erheblich überschritt, als Smith damit drohte, jeden zu exkommunizieren, der in oder um Nauvoo Land kaufte, ohne ihn vorher zu konsultieren. Auch verweigerte sich Law, als von ihm verlangt wurde, sein persönliches Guthaben in den Druck von Smiths inspirierter Bibelübersetzung zu investieren.

Zum endgültigen Bruch mit dem Propheten kam es aber, als Law Bemerkungen seiner Frau Jane dahingehend verstand, daß Joseph Smith Jane dazu überreden wollte, mit ihm zu schlafen und eine ‚himmlische Ehe' zu schließen. Law war darüber so empört, daß er Smith dazu aufforderte, öffentlich Buße zu tun und von allen kirchlichen Ämtern zurückzutreten.

Eine direkte Stellungnahme zu den Vorwürfen ist von Joseph Smith nicht erhalten, doch hat er seiner Umgebung den Vorfall so dargestellt, als hätte Laws Frau Jane ihn bedrängt, und nachdem Smith in einer Offenbarung mitgeteilt wurde, daß William Law sich des Ehebruchs schuldig gemacht hatte, habe er Janes Bitte ausgeschlagen.

William und Jane Law wurden im April 1844 von der Kirche ausgeschlossen. Zweihundert Mitglieder schenkten Smiths Version keinen Glauben und traten freiwillig aus der Kirche aus. Doch – und das ist bezeichnend für viele der Splittergruppen, die sich nach dem Tode des Propheten bildeten – war für die ehemaligen Mitglieder damit nicht erwiesen, daß es sich bei der Bewegung um einen Irrglauben handelte. Sie hielten an dem Buch Mormon und an Smiths frühen Offenbarungen fest, lehnten aber neuere Entwicklungen entschieden ab. Und zu diesen Neuerungen zählten sie die von Kirchenführern mehr oder weniger heimlich praktizierte Polygamie. Auch verließen sie Nauvoo nicht, sondern versuchten, durch Öffentlichkeitsarbeit auf die Mißstände hinzuweisen. Zu diesem Zweck gründeten sie den *Nauvoo Expositor* und brachten am 7. Juni – also knapp drei Wochen vor dem Tode Smiths – die erste und einzige Ausgabe heraus. Hochrangige Kirchenleiter wurden darin beschuldigt, ledige und unverheiratete Frauen dazu gebracht zu haben, heimlich mit ihnen die Vielehe einzugehen. Die Verbindung von religiösen, politischen und finanziellen Interessen wurde angeprangert und scharf verurteilt. Es handelte sich im Stil dabei aber keineswegs um hetzerischen und unsachlichen Sensationsjournalismus.

Die Ausgabe enthält zunächst eine eidesstattliche Erklärung von William Law, die von seiner Frau Jane bestätigt wird. Beide beschweren sich über die Art und Weise, wie es zu ihrem Kirchenausschluß kam, nämlich in geheimer Sitzung und ohne daß das Ehepaar gehört wurde.

Im Leitartikel wird der Umgang mit neu angereisten weiblichen Konvertiten beschrieben und kritisiert. Der Stil ist gepflegt, mit journalistischen Bewertungen durchsetzt, aber keineswegs reißerisch aufgemacht. Die Empörung, die der Expositor bei den Kirchenmitgliedern auslöste, war wohl ehrlich empfunden; die konkreten Vorwürfe der geheimen Siegelung von Ehen mit mehr als einem Partner sind jedoch historisch zutreffend.

Es ist eine bekannte Tatsache, daß viele Frauen aus fremden Regionen und Ländern, die uns unbekannt sind, sogar aus den entferntesten Gebieten der östlichen Hemisphäre, durch die Verkündigung des Evangeliums davon überzeugt wurden, Freunde zu verlassen und sich auf eine Reise über den Ozean zu machen, der sich über den größten Teil des Erdballes erstreckt, um – wie sie denken – Gott Ehre zu erweisen, damit sie dereinst schuldlos dastehen am großen Tag Gottes des Allmächtigen. Aber worin werden sie unterrichtet, wenn sie hier ankommen? – Sie werden besucht von einigen der ‚Strikers‘ – wir wissen nicht, wie wir sie sonst bezeichnen sollen –, und sie werden aufgefordert, auszuharren und am Glauben festzuhalten, denn großer Segen erwartet die Gerechten; und daß Gott große Geheimnisse bereithält für diejenigen, die den Herrn lieben und an Joseph festhalten. Sie werden auch davon in Kenntnis gesetzt, daß Bruder Joseph sie bald sehen und ihnen die

Geheimnisse des Himmels vollständig erklären wird, was in ihnen ausnahmslos neues Vertrauen in den Propheten weckt wie auch große Begierde, zu erfahren, was Gott für sie aufbewahrt hat im Tausch für das große Opfer, das sie erbrachten, als sie Vater und Mutter, Gold und Silber frohen Herzens zurückließen, damit sie in die Herde aufgenommen und zu den Auserwählten Gottes gezählt werden. – Erneut werden sie besucht, und was ist das Ergebnis? Sie werden aufgefordert, Bruder Joseph zu besuchen oder einen der Zwölf (Apostel), an einem abgeschiedenen Ort oder an einem näher beschriebenen Plätzchen am Ufer des Mississippi oder in einem Zimmer, an dessen Tür ein Schild angebracht ist: Eintritt strengstens verboten. Diese armen, wehr- und ahnungslosen Kreaturen sind dem Propheten und der Sache Jesu Christi so treu ergeben, daß sie sich niemals träumen lassen, welch abgrundtiefer und tödlicher List sie zum Opfer gefallen sind, die ihr Glück zerstören wird und den Tod selbst als wünschenswert erscheinen läßt, sondern sie gehen zu dem Treffen in der Erwartung, von ihm einen Segen zu empfangen und den Willen Gottes für sich zu erfahren, doch was die treuen Anhängerinnen von Joseph, dem Apostel und Propheten Gottes, statt dessen erwartet, ist, daß ihnen eröffnet wird, nachdem sie unter Androhung des Todes den heiligsten Eid geschworen haben, keiner Seele von dem zu berichten, was ihnen offenbart wurde, daß der allmächtige Gott dem Propheten offenbarte, daß sie Josephs Geistliche Ehefrau werden sollte; denn es war rechtens bei den Alten, und Gott wird es wieder zulassen; aber wir müssen solche Freuden und Segnungen vor der Welt geheimhalten, denn ohne einen Wechsel in der Regierung setzen wir uns Gefahr aus, wenn wir es praktizieren – aber wir können den Segen Jakobs, Davids und anderer mit Freuden in Anspruch nehmen oder auch verlieren, wenn wir uns nicht an das Gesetz des Landes halten. Sie ist wie vom Blitz getroffen, verliert die Besinnung, kommt wieder zu sich – und verweigert sich. Der Prophet verdammt sie, wenn sie ihn zurückweist. Sie denkt an das große Opfer, an die vielen tausend Meilen, die sie über See und Land gereist ist, damit ihre Seele vor dem drohenden Untergang errettet wird, und antwortet: nicht mein Wille, sondern Gottes Wille geschehe. Der Prophet und seine Handlanger werden auf diese Weise befriedigt. Damit diese Machenschaften nicht öffentlich bekannt werden, besteht der nächste Schritt darin, sie für gewisse Zeit fortzuschicken, bis alles wieder gut ist; nach dieser Zeit kommen sie zurück wie von einer längeren Reise ...

Der Stil ist langatmig und polemisch, aber beschreibend genug, um unter journalistischem Gesichtspunkt annehmbar zu sein. Es spricht eine Betroffenheit aus den Zeilen, eine Kritik von innen. Und wie sich aus anderen Quellen ergibt, war der Artikel gut recherchiert.

Auf den Leitartikel folgen wiederum zwei eidesstattliche Erklärungen. William Law beschwor darin, daß er von Joseph Smiths Bruder Hyrum ein schriftliches Dokument erhielt, das er mit nach Hause nahm und seiner Frau Jane zeigte. Dieses Dokument war eine Offenbarung Gottes, die besagte, daß gewisse Männer das Recht hätten, mit mehr als einer Frau die Ehe einzugehen. Es wäre ein Gesetz, und Joseph hätte das Gebot erhalten, dieses Gesetz zu praktizieren.

Darauf folgt die eidesstattliche Aussage der Ehefrau, Jane Law:

Ich erkläre hiermit, daß ich die Offenbarung gelesen habe, auf die in der vorausgegangenen Erklärung meines Ehemannes verwiesen wird. Sie propagierte in stärkster Weise die Lehre, mehr als eine Ehefrau zur selben Zeit zu haben, in dieser Welt und in der nächsten. Sie gestattete einigen, bis zu zehn Frauen zu haben, und legte dar, daß diejenigen Frauen, die ihren Gatten nicht gestatten wollten, mehr als eine Ehefrau zu haben, von Gott verdammt würden.

Die darauffolgende Erklärung von Austin Cowles, ebenfalls ein ehemaliger enger Berater Joseph Smiths, beschreibt die Offenbarung etwas genauer und ist deshalb hier von Interesse. In ihrem ersten Teil enthalte die Offenbarung eine Bestimmung über die Versiegelung von Menschen für das ewige Leben, jede Sünde werde dabei bereits auf Erden erlassen, mit Ausnahme der Sünde des Blutvergießens Unschuldiger und der Beihilfe dazu. Der zweite Teil enthalte die Lehre, die die Ehe mit mehreren Frauen betraf, wobei sich das Dokument ausdrücklich auf David und Salomon beruft, die mehrere Frauen hatten und damit nicht sündigten – außer im Falle des Uriah. Austin Cowles nahm diese beiden Offenbarungen zum Anlaß, von seinem Amt zurückzutreten.

2. Die frühe Praxis der Vielehe

Die entscheidende Offenbarung ist in der LDS-Ausgabe der *Lehre und Bündnisse* 132 abgedruckt und wurde am 12.7.1843 in Nauvoo zu Papier gebracht, also genau ein Jahr vor dem Erscheinen des Nauvoo Expositors.[17]

In ihrem ersten Teil erläutert die göttliche Offenbarungsstimme im Gespräch mit Joseph Smith, daß normale Ehen, die auf Erden geschlossen werden, wie alle menschlichen Verträge mit dem Tode zu Ende gehen. Sie würden aber gültig bleiben, wenn sie durch Joseph Smith oder seinen Nachfolger besiegelt wurden (7). Während normale Christen als geschlechtslose Engel das ewige Leben verbringen (vgl. Mt 22,30) und den Göttern dienen (16-17), können sich die Heiligen durch eine spezielle Zeremonie an ihren Partner siegeln lassen. Dadurch bleiben sie nicht im Zustand der Engel, sondern werden zu Göttern und können daher auch im Himmel mit ihren Partnern die Ehe weiterführen.

Nach dieser Einleitung wird am Beispiel von Abraham erklärt, daß ein Mann diesen Bund mit mehr als einer Jungfrau eingehen kann (29 ff). Auch David und Salomo seien dem guten Beispiel gefolgt (38-39) und haben durch die Vielehe nicht gesündigt – außer im ausdrücklich erwähnten Fall des Uriah.

Die Vollmacht, diese Zeremonie durchzuführen, wird ausschließlich Joseph Smith übertragen (40–50). Es folgt darauf eine Drohung an die Adresse von Emma Smith, diese Offenbarung anzuerkennen (51 ff). Die abschließenden Beschwörungen erwäh-

---

[17] Die RLDS hat diese Offenbarung nicht in ihre Ausgabe der LuB aufgenommen.

nen unter anderem die „zehn Jungfrauen", an die sich Jane Law so lebhaft erinnern konnte (62–63).

Alle Elemente, die das Ehepaar Law und Austin Cowles erwähnen, sind in dieser Offenbarung enthalten: der zweiteilige Aufbau, Versiegelung und Vielehe; die zehn Jungfrauen; die alttestamentlichen Beispiele David und Salomo mit negativer Bewertung der Beziehung Davids zu Uriahs Frau. Es kann kaum Zweifel darüber bestehen, daß diese drei Zeugen ein Dokument gesehen haben, das die in LuB 132 erhaltene Offenbarung wiedergab.

Die Vermutung wurde immer wieder geäußert – von Mormonen und Mormonengegnern –, daß es sich bei dieser Offenbarung um ein Dokument handelt, das nach dem Tode des Propheten gefälscht wurde. Grund für diese Annahme war, daß das Original nicht mehr erhalten ist und daß die Offenbarung 1852 erstmals in Utah veröffentlicht und offiziell erst 1876 von der LDS in die kirchliche Sammlung authentischer Offenbarungen aufgenommen wurde.

Es ist ein Bericht von William Clayton erhalten, der die Offenbarung vom 12.7.1843 niederschrieb. Der Bericht wurde allerdings erst 1874, also über dreißig Jahre nach den Ereignissen, verfaßt.[18]

Darin berichtet der Sekretär, daß der Text im wesentlichen für Emma niedergeschrieben wurde. Hyrum, Josephs Bruder, zeigte Emma die Offenbarung, die sie ausdrücklich dazu aufforderte, bereits eingegangene Ehen ihres Mannes anzuerkennen (LDS LuB 132,52): „Und meine Magd Emma Smith soll auch all diejenigen anerkennen, die meinem Diener Joseph gegeben wurden und die alle ehrbar und rein sind vor mir ..." Hyrum kam zurück und berichtete, daß ihm Emma entsetzlich zugesetzt habe, daß sie erbittert und zornig sei. Joseph habe nur hilflos geseufzt. Noch am gleichen Tag wurde das Original einem der Kirchenführer anvertraut, der am darauffolgenden Tag von einem gewissen Joseph C. Kingsbury eine Kopie anfertigen ließ. Emma, so berichtet Smiths Sekretär weiter, habe ihrem Ehemann so lange in

---

[18] Der Bericht ist abgedruckt bei Roberts (Hg.), *History*, 5, xxxiif.

den Ohren gelegen, bis er ihr schließlich erlaubte, die Niederschrift der Offenbarung zu zerstören. Sie wußte scheinbar nicht, daß bereits Kopien angefertigt worden waren. Die Offenbarung blieb also weiterhin geheim, die von Kingsbury angefertigte Kopie wurde erst zwei Jahre nach dem Tode Joseph Smiths 1846 einem größeren Kreis zugänglich gemacht. Damals hatte sich bereits die Gruppe um Brigham Young abgespalten und war nach Utah unterwegs, die Abschrift dieser Offenbarung im Reisegepäck.

Das Buch der Lehre und Bündnisse (Doctrine and Covenants), das die an Joseph Smith ergangenen Offenbarungen enthält, war zuletzt 1835 erschienen und vergriffen. Die neue Ausgabe erschien 1844 kurz nach Joseph Smiths Tod und enthielt acht neue Einträge (in der LDS-Ausgabe von 1981 sind das: 103, 105, 112, 119, 124, 127, 128, 135), die hier angesprochene Nummer 132 fehlte. In der Folgezeit erschienen mehrere unveränderte Nachdrucke, vor allem in England, da man in Salt Lake City nur über bescheidene drucktechnische Anlagen verfügte. 1876 besorgte die Kirche dann eine Neuauflage, die 26 neue Sektionen einführte, darunter auch den besagten Artikel 132 zur Vielehe. Ein älterer, 1835 von einer Kirchenversammlung autorisierter Beschluß, der die Einehe forderte, wurde bei dieser Gelegenheit ersatzlos gestrichen.

1880 schließlich erschien dann eine um Fußnoten erweiterte und mit Verszahlen ausgestattete Ausgabe, die alle älteren Ausgaben im kirchlichen Gebrauch vollständig verdrängte und zahlreiche Nachdrucke erlebte. Seit 1890 enthalten diese Drucke auch das sogenannte ‚Manifest', in dem der Kirchenpräsident Wilford Woodruff unter Androhung des Kirchenausschlusses den Vollzug der Vielehe verbot. 1921 wurde die nächste kirchliche Revision durchgeführt, die einige Ansprachen von Joseph Smith (Lectures of Faith) entfernte, die keine Offenbarungen im engeren Sinne darstellten. Die heute bei der LDS im Gebrauch stehende Ausgabe von 1981 enthält eine Vision Smiths von 1836 (137), eine Offenbarung über die Erlösung der Toten, die 1918 an Präsident Joseph Fielding Smith erging (138), und eine Erklärung der Kirchenleitung von 1978, die auch die Ordination von Schwarzen zum Priesteramt erlaubt, was bis dahin nicht gestattet war.

Zurück zu den Ereignissen von 1843 und der Niederschrift der Offenbarung über die Vielehe: Die Tagebucheinträge, die Smith zu dieser Zeit machte, decken sich mit den Aussagen seines Sekretärs. Am 12. 7. empfing er eine Offenbarung in Gegenwart von Hyrum und Clayton.[19]
Laut Tagebuch blieb Joseph die folgenden Tage zu Hause, im Gespräch mit Emma, wie er am 13. 7. einträgt. Am darauffolgenden Sonntag predigt er morgens und abends zum Thema, daß eines Mannes Feinde manchmal im eigenen Haushalt wohnen, und er schlägt vor, das Prophetenamt an seinen Bruder Hyrum abzugeben.[20]
Joseph bedauert in seinen Tagebuchnotizen, daß er nur andeutungsweise über den ewigen Bund sprechen kann, den ein Mann mit einer Ehefrau schließen muß, damit der Bund auch nach dem Tod seine Gültigkeit bewahrt. Er klagt über den Unglauben seiner Anhänger, der es ihm nicht gestattet, diese Offenbarung vollständig zu enthüllen.[21]

---

[19] Faulring (Hg.), *Record*, 396, schreibt, daß auf dem Mikrofilm einige leere Zeilen folgen. In der Ausgabe von Roberts (Hg.), *History*, 5, 501–507, ist an dieser Stelle der Text von BuD 132 eingetragen und als redaktioneller Zusatz gekennzeichnet. Darauf folgt ein Eintrag, daß Hyrum die Offenbarung zu Emma brachte und ihn Emma vorlas und daß Joseph einige Grundstücke an seine Frau und Kinder überschreiben ließ. Es ist wohl zu vermuten, daß diese Anweisungen bei der Erstellung des Mikrofilmes abgedeckt wurden. Die Grundstücksüberschreibungen lassen sich als finanzielle Absicherung der Familie interpretieren für den Fall, daß es zu einer Trennung zwischen Joseph und Emma käme. Faulring (Hg.), *Record*, 396, notiert weiter, daß das Tagebuch mit dem Eintrag zum 14. 7. zu Ende kommt, aber auf einer der letzten Seiten noch eine Liste von sieben Eheschließungen eingetragen wurde. Die Namen der Bräutigame sind Joseph Smith (April 1842 und 1. Mai 1843) und William Clayton (27. April und 22. Juli 1843). Hyrum Smith wird als derjenige genannt, der eine Ehe am 20. Oktober 1843 segnet. Daß also alle drei Beteiligten – Joseph, Hyrum und W. Clayton – ein Interesse an der Rechtmäßigkeit der Vielehe hatten, ist damit dokumentiert.

[20] Faulring (Hg.), *Record*, 397.

[21] Diese Sätze stehen wiederum nur bei Roberts (Hg.), *History*, 5, 510;

3. Der Tod von Joseph und Hyrum Smith

Am Samstag, dem 8. Juni 1844, am Tag nach dem Erscheinen des Nauvoo Expositor, traf sich der Stadtrat; am folgenden Montag erteilte Joseph Smith, der damals amtierender Bürgermeister war, der Stadtpolizei den Auftrag, die Druckerpresse gewaltsam zu zerstören.

Die Herausgeber des Nauvoo Expositor flohen in die benachbarten Ortschaften Warsaw und Carthage. In Warsaw veröffentlichte die lokale Presse einen Bericht über den Vorfall, der eine neue Welle von Empörung auslöste und das Feuer der Mormonengegner anfachte. Und Carthage, wo der Sitz des Bezirksgerichtes untergebracht war, wurde schließlich der Schauplatz der Ermordung von Joseph Smith.

In den folgenden Tagen sandte Joseph Briefe aus, um die Apostel dazu zu bewegen, nach Nauvoo zurückzukehren, und zwar bewaffnet. Gleichzeitig wurden Gerüchte verbreitet, daß organisierte Banden aus Missouri und Iowa einen Angriff planten. Dies führte zu einer Welle von Flüchtlingen aus den umliegenden Gebieten, die in Nauvoo Zuflucht suchten. Eine Wiederholung der bewaffneten Auseinandersetzungen, denen die Gemeinschaft wenige Jahre zuvor in Missouri ausgesetzt war, kündigte sich an.

Um die Situation zu entschärfen, begab sich der zuständige Gouverneur von Illinois, Thomas Ford, persönlich nach Carthage und machte sich in einem Gespräch mit William Law und den anderen Dissidenten ein Bild von den Vorfällen. Er verlangte, daß sich alle, die an der Zerstörung des Nauvoo Expositor beteiligt waren, einem fairen Gerichtsverfahren vor dem Bezirksgericht in Carthage stellten. Joseph Smith stimmte zu, stellte aber die Forderung, zu seinem persönlichen Schutz eine Gruppe Bewaffneter mitnehmen zu dürfen. Der Gouverneur lehnte dies ab, weil er befürchtete, daß eine solche Truppe nur zur Zuspitzung des Konfliktes führen würde, was die völlige Zerstörung Nauvoos zur Folge haben könnte.

Faulring (Hg.), *Record*, 397, beklagt an dieser Stelle eine leere Seite auf dem Mikrofilm.

Joseph Smith, entmutigt durch den Brief des Gouverneurs, beschloß mit seinem Bruder Hyrum, heimlich aus der Stadt zu fliehen, und setzte sich über den Mississippi nach Iowa ab. Von dort aus schrieb Joseph an seine Frau Emma und bat sie, ihm zu folgen. Doch Emma verweigerte die Flucht. Statt dessen forderte sie Joseph auf, zurückzukommen und sich dem Gesetz zu stellen. Mittlerweile war in der Stadt das Chaos ausgebrochen. Die Bürger waren unsicher, ob sie sich auf eine militärische Verteidigung der Stadt vorbereiten oder ihrem Propheten folgen und fliehen sollten. Mehrere tausend Männer hatten sich bewaffnet, andere packten Hab und Gut zusammen und machten sich zum Aufbruch bereit.

Schließlich kehrte Joseph nach Nauvoo zurück. Er entsprach der Forderung des Gouverneurs, entwaffnete die Miliz und löste sie auf. Am 24. Juni 1844 brachen Joseph und Hyrum Smith, begleitet von einer Handvoll Männer, zu ihrer letzten Reise nach Carthage auf.

In der Vorverhandlung am 25. Juni wurden die Angeklagten gegen Kaution freigelassen, doch am gleichen Abend erneut verhaftet. Fünf Freunde begleiteten sie zum Gefängnis und leisteten ihnen dort Gesellschaft.

Am 26. Juni stattete Gouverneur Ford den Gefangenen persönlich einen Besuch ab. Er stellte zwei Kompanien zur Bewachung des Gefängnisses ab, eine dritte sollte mit ihm nach Nauvoo aufbrechen. Joseph bat um die Erlaubnis, den Gouverneur begleiten zu dürfen, da er in Carthage um seine Sicherheit fürchte. Daraufhin versprach Ford, die Reise zu verschieben.

Am nächsten Tag, dem verhängnisvollen 27. Juni 1844, mußten die Brüder Smith feststellen, daß der Gouverneur sein Versprechen gebrochen hatte. Er war nach Nauvoo abgereist. Ein Besucher schmuggelte einen sechsschüssigen Revolver ins Gefängnis und gab ihn Joseph. Jedesmal, wenn einer der Freunde, die aus Solidarität mit den Brüdern im Gefängnis waren, das Gebäude verließ, wurden sie von aufgebrachten Bürgern der Stadt abgedrängt und gezwungen, die Stadt zu verlassen. So waren am Ende nur noch zwei Männer bei Hyrum und Joseph: John Taylor, der später als dritter Kirchenpräsident die Nachfolge von Brigham Young antreten sollte, und Dr. Willard Richards, der die erste umfassende Kirchengeschichte aus den persönlichen Unterlagen Smiths zusammenstellte. Richards hatte Joseph als Sekretär gedient und, da er über medizinische Kenntnisse verfügte, auch als Leibarzt. Auch er folgte später Brigham Young und bekleidete mehrere hohe Ämter innerhalb der LDS.

Um etwa drei Uhr nachmittags sammelten sich zwei Meilen vor der Stadt Angehörige der örtlichen Milizen, die der Gouverneur am Morgen desselben Tages hatte auflösen lassen. Sie beschmierten sich die Gesichter und zogen zum Gefängnis. Die wenigen zur Bewachung abgestellten Soldaten feuerten Schreckschüsse in die aufgebrachte Menge, wurden aber rasch überwältigt.

Die Angreifer stürmten die Treppe zu den Zellen hinauf, die im ersten Stock gelegen waren. Joseph und Hyrum hatten Pistolen zu ihrer Verteidigung bei sich. Taylor und Richards versuchten, an der Tür stehend, mit Stöcken die Gewehrläufe der Angreifer abzulenken. Mehrere Kugeln wurden in die Zelle gefeuert und bohrten sich in die Wände und die Decke.

Als die Zellentür schließlich nachgab, wurde Hyrum von einem Geschoß in den Kopf getroffen. Während er zu Boden fiel, trafen ihn noch vier weitere Kugeln.

Als Joseph erkannte, daß sein Bruder tot war, sprang er auf und feuerte die sechs Schuß seiner Pistole in den Gang, wobei er drei oder vier der Angreifer verwundete. Die Angreifer reagierten und schossen durch die Tür. Fünf Kugeln trafen Taylor und verletzten ihn schwer. Richards blieb unverletzt. Auch von außen wurden Schüsse abgefeuert und drangen durch das Fenster in die Decke ein. Schließlich warf Joseph seine leergeschossene Pistole in den Gang und rannte zum Fenster, um hinabzuspringen. Als er das Fenster erreicht hatte, traf ihn eine Kugel in den Rücken. Joseph kippte nach vorne und fiel aus dem ersten Stock.

Nach dem Bericht eines der bewaffneten Männer war Joseph Smith noch am Leben. Er wurde gepackt und an den Brunnenrand gelehnt. Smith bewegte sich und öffnete die Augen. Der Kommandierende erteilte Befehl, das Feuer zu eröffnen, und vier

Milizsoldaten gehorchten. Unter dem Kugelhagel sackte Joseph nach vorne und blieb tot auf dem Gesicht liegen.[22]

Richards meinte später, die Stürmung der Zelle und die Ermordung der beiden Brüder Hyrum und Joseph Smith hätte kaum länger als drei Minuten gedauert.

Die alarmierte Wachverstärkung rückte an. Jemand rief, daß die Mormonen vor der Stadt stünden, die Menge wurde von panischer Angst ergriffen und zerstreute sich. Doch die Sorge vor einem Rachefeldzug der Mormonen erwies sich als unberechtigt.

Am nächsten Tag brachte Samuel Smith die Leichen seiner beiden Brüder nach Nauvoo. Nach einer öffentlichen Trauerfeier wurden die Särge an einem geheimgehaltenen Ort beigesetzt, um eine etwaige Schändung zu verhindern. Einige Monate später ließ sie Emma Smith wieder exhumieren und an einer Stelle in der Nähe des Nauvoo Hauses, ein Gästehaus, das den Mississippi überschaute, begraben. Dort ruhten sie bis 1928, als ihr Grab hinter das einstige Haus der Smiths verlegt wurde. Die Grabstätte ist erhalten und kann heute in Nauvoo besichtigt werden.

D. Das Buch Mormon

Viele Heiden werden sagen: Eine Bibel, eine Bibel! Wir haben bereits eine Bibel, und es kann keine andere Bibel geben.[23]

1. Überblick

Die heutige Ausgabe des Buches Mormon umfaßt 15 Schriften. Der Aufbau der Schriftensammlung läßt sich vielleicht am leichtesten unter redaktionsgeschichtlichem Gesichtspunkt nachvollziehen.

---

[22] Augenzeugenbericht von William M. Daniels, *A Correct Account of the Murder of Generals Joseph and Hyrum Smith, at Carthage* (Nauvoo, 1845; non vidi), vgl. Brodie, *No Man Knows My History*, 394.

[23] LDS 2 Nephi 29:3 = RLDS 2 Nephi 12:45.

Buch	Autor	Redaktor	Bemerkungen
1 Nephi	Sohn des Propheten Lehi	Mormon	1 Nephi – Omni werden als die ‚kleinen Tafeln Nephis' bezeichnet. Sie ersetzen Smiths ursprüngliche Übersetzung der Tafeln Nephis, die verlorenging.
2 Nephi			
Jakob	Bruder Nephis		
Enos	Sohn Jacobs		
Jarom	Sohn Enos		
Omni	Omni (Sohn Jaroms), dessen Nachkommen: Amaron, Chemish, Abinadom, Amaleki		
Worte Mormons	Mormon		Redaktioneller Einschub Mormons, der überleitet von den ‚kleinen Tafeln Nephis' zu Mormons Zusammenfassung der großen Tafeln Nephis.
Mosiah	Benjamin, Zeniff, Alma, Mosiah		Mormons Zusammenfassung der großen Tafeln Nephis.
Alma	Alma, Ammon, Helaman1 (Almas Sohn), Mormon		
Helaman	Helaman2 (Sohn von Helaman1), dessen Söhne Lehi und Nephi, Mormon		
3 Nephi	Nephi3, Jünger des auferstandenen Christus		
4 Nephi	Nephi4 (Sohn von Nephi3), Amos (Sohn von Nephi4), Amos und Ammaron (Söhne des Amos)		
Mormon: 1-7 (RLDS 1-3)	Mormon		Mormons Darstellung der jüngsten Ereignisse bis zur Schlacht von Cumorah.
Mormon: 8-9 (RLDS 4)	Moroni	Moroni	Moronis Abschluß des väterlichen Berichtes.
Ether	Ether, Prophet und letzter Überlebender des Volkes der Jarediten, die bereits nach dem Turmbau zu Babel nach Amerika gezogen waren		Moronis redaktionelle Zusammenfassung der Urkunden der Jarediten.
Moroni	Moroni		Abschließende Anweisungen, Predigt und zwei Briefe seines Vaters Mormon.

Was Joseph Smith gefunden hat, wurde ihm seiner Darstellung nach vom Engel Moroni übergeben. Moroni, der circa 421 n.Chr. gestorben und Joseph in auferstandener Gestalt erschienen sein soll, habe den Text der Bücher aus älteren Dokumenten zusammengestellt, eine Aufgabe, die er von seinem Vater Mormon übernommen haben will.

Jetzt bin ich, Mormon, im Begriff, die Urkunden, welche ich angefertigt habe, in die Hände meines Sohnes Moroni zu legen, da ich mit eigenen Augen gesehen habe, wie mein Volk, die Nephiten, fast vollständig ausgerottet wurde. Viele hundert Jahre sind seit dem Erscheinen Christi vergangen, und ich übergebe diese Urkunden meinem Sohn, weil ich glaube, daß er Zeuge des gänzlichen Untergangs meines Volkes werden wird.[24]

Mormon war der letzte Feldherr der Nephiten, der die Armee in der letzten, entscheidenden Schlacht kommandierte. Seine Lebensdaten sind nach der Erzählung etwa 310-385 n.Chr. Er wird als Prophet und gewissenhafter Bewahrer der schriftlichen Tradition seines Volkes dargestellt. Er hat die historischen Urkunden zusammengefaßt, einige Bücher um Kommentare ergänzt (Alma, Helaman) und einige Schriften im eigenen Namen verfaßt (Worte Mormons, Buch Mormon). Vor der letzten Schlacht mit den Lamaniten, bei der das ganze Volk vernichtet wurde bis auf Mormons Sohn Moroni, verbarg er die Tafeln im Hügel Cumorah.

Moroni ist der letzte Prophet der Nephiten und der Verfasser der letzten im Buch Mormon aufgenommenen Schrift (Buch Moroni). Er hat den Auftrag seines Vaters ausgeführt und den väterlichen Bericht fortgesetzt (Mormon LDS 8 ff = RLDS 4 ff). Dann verfaßte er noch das Buch Ether, das eine Zusammenfassung der Urkunden der Jarediten darstellt, die etwa 1700 Jahre vor den Nephiten auf dem amerikanischen Kontinent gelebt hatten, und schloß die Sammlung mit dem Buch Moroni ab, das Anweisungen und Belehrungen zu kirchlichen Fragen, eine Predigt und zwei Briefe Mormons enthält. Den letzten Eintrag machte Moroni 36 Jahre nach der verhängnisvollen Schlacht, also etwa 421 n.Chr.

---

[24] Worte Mormons LDS 1,1-3; RLDS 1,1-2.

Den Abschluß des Buches bildete nach Smiths Auskunft das Titelblatt, das Moroni auf der Rückseite der letzten Tafel ergänzte. Neben dem Haupttitel, „Das Buch Mormon", und dem schwerfälligen Untertitel, „Ein Bericht von der Hand Mormons geschrieben, auf Tafeln, die von Nephis Tafeln genommen sind", formulierte Moroni zwei Absätze, die den Inhalt kurz beschreiben und alle Teile der Sammlung erwähnen. Die Sammlung wird als „Zusammenfassung der Urkunden des Volkes Nephi sowie der Lamaniten" und als „Urkunde des Volkes Jared" bezeichnet.[25]

1400 Jahre später, im September 1823, erschien Moroni in auferstandener Gestalt dem siebzehnjährigen Joseph Smith und führte ihn zu der Stelle auf dem Hügel Cumorah, an der die goldenen Tafeln vergraben worden waren.

Den dramatischen Höhepunkt der Erzählung bildet das dritte Buch Nephi. Es berichtet von Erscheinungen Jesu als der auferstandene Herr. Im gleichen Jahr, in dem Jesus gekreuzigt worden war, erschien der Auferstandene einer Gruppe Gerechter in der Stadt der Nephiten, die ‚Bountiful' hieß. Er offenbarte sich als Herr und Erlöser der Welt, erklärte sein Evangelium und setzte seine Kirche ein.[26]

2. Leseerlebnis

Die Lektüre hat sich für mich über weite Strecken als sehr anstrengend erwiesen. Der Handlungsfaden ist schnell erzählt und erstreckt sich über nur sehr wenige Textpassagen, der Großteil des Textes besteht aus erbaulichen Offenbarungsreden, deren Bezug zu den wenigen Erzählungen sehr oberflächlich gestaltet ist. Das Leseerlebnis wird weiterhin noch dadurch erschwert, daß der Fließtext wie bei den meisten Ausgaben der christlichen Bibel mit Vers- und Kapitelzahlen durchsetzt ist. In vielerlei Hinsicht fand ich die Erstausgabe des Buches Mormon, die auf Verszahlen verzichtet, ansprechender. Die deutschen Übersetzungen wirkten schwerfällig und etwas altmodisch.

---

[25] Roberts (Hg.), *History*, 1, 71.
[26] LDS 3 Nephi 11-28 = RLDS 3 Nephi 5 ff.

3. Handschriften und Editionsgeschichte

Die Erstausgabe von 5000 Exemplaren wurde 1829-30 von Egbert B. Grandin in Palmyra, New York, gedruckt. Nach Joseph Smiths Angaben stellt das Buch eine getreue englische Wiedergabe des Textes dar, wie er auf den goldenen Tafeln eingraviert war, die er auf dem Hügel Cumorah in der Nähe des elterlichen Wohnhauses gefunden hatte.[27]

Die Möglichkeit, daß sich Fehler in der Überlieferung eingeschlichen haben, wird von Anfang an nicht ausgeschlossen. So formulierte Moroni die letzten Sätze des Titelblattes folgendermaßen:

Wenn nun Fehler gefunden werden sollten, so sind es menschliche Fehler; deshalb solltet ihr die Werke Gottes nicht verurteilen. Dann wird vor Christi Richtstuhl auch kein Makel an euch gefunden werden.

Die erste und alle folgenden Ausgaben enthalten am Anfang eine schriftliche Erklärung von Oliver Cowdery, Martin Harris, der die Druckkosten der Erstausgabe übernahm und zusammen mit Cowdery bei der Übersetzung als Schreiber assistiert hatte, und David Whitmer, der Joseph und Emma Smith während der Übersetzungsarbeit auf seiner Farm in Pennsylvania aufgenommen hatte. Die drei Männer bezeugen, daß sie die goldenen Tafeln gesehen und durch göttliches Zeugnis Gewißheit erlangt haben, daß Smiths Übersetzung der Tafeln korrekt ist. Acht weitere Zeugen, Mitglieder der Whitmer und Smith Familien, bezeugen, daß sie die Tafeln gesehen und in Händen gehalten haben. Nachdem Smith die Tafeln den Zeugen gezeigt hatte, gab er sie zusammen mit anderen Gegenständen dem Engel Moroni zurück. Die goldenen Tafeln sind seither verschwunden.

Die Druckausgaben des Buches Mormon basieren auf zwei

---

[27] Nachdruck der Erstausgabe: Joseph Smith jr. (Autor und Eigentümer), *The Book of Mormon: An Account Written By the Hand of Mormon, upon Plates Taken From the Plates of Nephi* (Palmyra: E.B. Grandin, 1830; photographischer Nachdruck: Independence: Herald Publishing House, 1970).

Handschriften. Handschrift O (steht für ‚Original') wurde zwischen April und Juni 1829 von mindestens drei Händen angefertigt, die festhielten, was Joseph Smith diktierte, während er die Tafeln betrachtete.

Dieses Manuskript wurde von Oliver Cowdery, der bei der Anfertigung von O maßgeblich mitgeholfen hatte, und zwei Helfern für den Drucker in die Handschrift P (steht für ‚Printer') ins Reine geschrieben. P diente als Vorlage für die Erstausgabe, die von Juli 1829 bis Anfang 1830 gesetzt wurde. Es handelt sich dabei nicht um eine genaue Kopie von Handschrift O. Im Durchschnitt wurden etwa drei Abweichungen pro Seite festgestellt. Die Textvarianten sind in den allermeisten Fällen auf Abschreibfehler zurückzuführen, auf redaktionelle Änderungen scheint bewußt verzichtet worden zu sein. Etwa zwanzig dieser Fehler wurden in der Ausgabe von 1981 korrigiert, als der Text nochmals mit der Handschrift O verglichen wurde.

Da die Vorlage kaum Satzzeichen und andere Angaben zur Strukturierung des Textes enthielt, sahen sich die Setzer gezwungen, diese nach eigenem Ermessen einzutragen. Diese Ergänzungen der Setzer sind in etwa einem Drittel von P deutlich erkennbar, wurden aber auch auf einem Fragment von O nachgewiesen.[28]

Einem Bibliothekar der Universitätsbibliothek in Princeton war aufgefallen, daß das Exemplar der Erstauflage des Buches Mormon, das in Princeton aufbewahrt ist, Varianten gegenüber dem Druckexemplar der Brigham Young Universität aufwies und auch nicht identisch ist mit dem Exemplar, das in den Archiven in Salt Lake City aufbewahrt wird. Weitere Untersuchungen ergaben, daß in 70 Exemplaren der Erstauflage, die verglichen wurden, insgesamt 41 Varianten gefunden wurden. Jedes dieser Exemplare wies eine unterschiedliche Kombination der Varianten auf, woraus sich ergab, daß keine zwei dieser 70 Exemplare textgleich waren.

Die Druckmaschine, die später von der Kirche gekauft und nach Salt Lake City gebracht wurde, ist noch erhalten. Man konnte

---

[28] Royal Skousen, „Book of Mormon Manuscripts", *Encyclopedia of Mormonism*.

damit pro Bogen insgesamt acht beidseitig bedruckte Blätter, also 16 Druckseiten, herstellen. Textabweichungen, wie sie zwischen verschiedenen Exemplaren der Erstausgabe von 1830 beobachtet wurden, sind bei älteren Drucken häufig festzustellen. Sie sind entweder auf ein Versehen beim Druckvorgang zurückzuführen – so wurden die Typen mit einem in Druckerschwärze getränkten Bausch betupft, wobei gelegentlich einzelne Typen aus dem Setzkasten gezogen wurden – oder die Änderungen korrigieren Textfehler, die erst beim Setzen auffielen. Von den drei Personen, die das Manuskript während des Druckvorganges betreuten – Hyrum Smith, Oliver Cowdery und Martin Harris –, existieren Berichte dahin gehend, daß sie die Druckvorlage jeden Tag zum Drucker brachten und nach getaner Arbeit wieder abholten und nach Hause trugen. Sie hatten also täglich Gelegenheit, Änderungen am Satz vorzunehmen oder Korrekturen der Setzer zu bestätigen.

Technisch betrachtet wurde immer eine Seite des Bogens, also acht Druckseiten, gesetzt, geschwärzt und bedruckt. Wenn bei diesem Vorgang Fehler entdeckt wurden, wurden die betroffenen Typen ausgetauscht, die bereits bedruckten Bögen wurden aber nicht ersetzt. Nachdem die bestellten 5000 Bögen bedruckt und getrocknet waren, wurden sie gewendet, und die acht Seiten auf der Rückseite wurden gesetzt. Derselbe Vorgang konnte sich nun auch für diese acht Seiten wiederholen, so daß auch hier einige Bögen Korrekturen enthalten, die auf anderen Bögen fehlen. Als die Bögen schließlich gefaltet, aufgeschnitten und gebunden wurden, unterschied man nicht zwischen korrigierten und unkorrigierten Bögen, sondern achtete lediglich auf die korrekte Folge der Seiten. Dies erklärt, daß keine zwei der untersuchten erhaltenen Exemplare der Erstauflage des Buches Mormon textgleich sind.[29]

Als die zweite Auflage von 1837 vorbereitet wurde, wurden

---

[29] Die Darstellung beruht auf den Untersuchungen von Janet Jenson, „Variations Between Copies of the First Edition of the Book of Mormon", *Brigham Young University Studies* 13,2 (Winter 1973) 214–222.

mehrere hundert grammatikalische Verbesserungen eingetragen, und an einigen Stellen wurden auch Textkorrekturen in P eingetragen. Das Manuskript P ist heute im Besitz der RLDS. Bis auf die beiden untersten Zeilen der ersten Seite ist die Handschrift vollständig erhalten.

Die Handschrift O wurde bei der zweiten Auflage nicht herangezogen. Bei der Ausgabe von 1840 griff Joseph Smith allerdings auf O zurück, um an einigen Stellen die ursprüngliche Lesart wiederherzustellen. 1841 wurde die Handschrift vom Propheten in Nauvoo in den Grundstein des Nauvoo Hauses, einem Gästehaus, eingemauert. Als vierzig Jahre später Emma Smiths zweiter Ehemann die Stelle öffnete, mußte man feststellen, daß Wasser eingedrungen war und der Großteil der Handschrift zerstört war. Nur etwa ein Viertel des Textes von O ist heute erhalten und bis auf ein Fragment, das der University of Utah gehört, im Archiv der LDS aufbewahrt.

Die Erstausgabe Joseph Smiths enthielt nur Kapiteleinteilungen. Die Ausgabe der RLDS hat diese Einteilung bewahrt, aber noch Versangaben ergänzt. Die LDS allerdings hat 1879 auch die Kapitelaufteilung revidiert, was das Zitieren sehr erschwert.

All das ist hier näher erläutert, um zu verdeutlichen, daß der Fundamentalismus, dem man gelegentlich begegnet, in der Tradition der eigenen Kirche keine Basis hat. Das Buch Mormon rechnet mit Überlieferungsfehlern, und weder die erhaltenen Handschriften noch die Druckausgaben der Erstedition stimmen im Wortlaut völlig überein. Einen bis auf das Tüpfelchen inspirierten Text des Buches Mormon, wie ihn Verbalinspiration voraussetzt, gibt es ebensowenig, wie es den Urtext der christlichen Bibel gibt.[30]

4. Die Erzählung

Das Buch Mormon erzählt von mehreren Völkern, die auf dem amerikanischen Kontinent wohnten, bevor er von Kolumbus

---

[30] Es gibt wohl keinen Satz im Neuen Testament, der in allen erhaltenen griechischen Handschriften denselben Wortlaut hat. Vgl. Aland, *Text des NT.*

entdeckt worden war. Eine Gruppe, die nach ihrem Stammvater Jared (vgl. 1 Mose 5,15, Vater Henochs) genannten Jarediten, wanderte kurz nach dem Turmbau zu Babel aus. Das Buch Ether berichtet davon.

Die Geschichte der anderen beiden Volksgruppen, der Nephiten und Lamaniten, beginnt circa 600 v. Chr. in Palästina, als sich eine kleine Gruppe Hebräer dazu entschließt, kurz vor der Eroberung Jerusalems durch die Babylonier die Stadt zu verlassen. Unter der Führung des Propheten Lehi bilden sie eine Karawane und machen sich auf den Weg zum Indischen Ozean. Dort angekommen, bauen sie ein Boot, segeln zum verheißenen Land und landen an der Westküste des amerikanischen Kontinents.[31]

Die Jahrhunderte vor der Geburt Christi werden mit Städtegründungen und Tempelbauten, Kriegsführung und Missionsreisen zugebracht. Viele glauben bereits an Christus, lange bevor Jesus von Nazareth geboren wurde.

Nach der Kreuzigung erscheint der auferstandene Christus in Amerika und setzt seine Kirche ein, wobei er ankündigt, daß er auch dem Rest des Hauses Israel erscheinen wird. In den darauffolgenden zwei Jahrhunderten herrscht Einigkeit und Frieden zwischen den eingewanderten Völkern. Doch als es zu erneuten Konflikten kommt, zerfällt die Gemeinschaft wieder in verschiedene, sich bekämpfende Gruppen. Etwa im Jahre 421 n. Chr. unterlagen die Nephiten und wurden von den dunkelhäutigen Lamaniten vollständig ausgerottet. Moroni, der letzte Prophet der Nephiten, vergräbt die Urkunden, in denen die Geschichte seines Volkes aufgezeichnet ist, auf dem Hügel Cumorah, wo sie verborgen blieben, bis sie Joseph Smith nach einer Vision entdeckte.

Die Erzählung ist sehr kompliziert strukturiert, enthält in sich verschachtelte Rückblenden und ist durch lehrhafte Stücke unterbrochen. Die menschliche Entscheidungsfreiheit wird unterstrichen und die Bestimmung Amerikas als das auserwählte Land herausgestellt. Das Buch ergänzt die christliche Bibel, erklärt und

---

[31] LDS 1 Nephi 18 = RLDS 1 Nephi 5.

führt manches aus, was dort nur angedeutet ist, möchte der Bibel aber nicht widersprechen.

Von den vielen Versuchen, die gemacht wurden, um Smiths Bericht über die Entdeckung der goldenen Tafeln zu diskreditieren, ist einer der Verweis auf ein Manuskript, das von Solomon Spaulding (oder Spalding, 1761–1816) geschrieben wurde. Spaulding fand aber keinen Verleger für sein Buch. Diese These kann mittlerweile als widerlegt gelten, da das Manuskript, auf das sich die frühen Zeugen beriefen und das als verschollen galt, wiedergefunden wurde. Es handelt sich dabei um die fiktive englische Übersetzung von 24 lateinischen Rollen, die Spaulding angeblich in einer Höhle in der Nähe seines Wohnortes in Ohio gefunden hatte. Die Liebesgeschichte berichtet von römischen Abenteurern, die in vorchristlicher Zeit nach England segeln, durch einen Sturm abgetrieben werden und an der Ostküste Amerikas anlegen. Inhaltliche Berührungspunkte bestehen kaum, und die stilistischen Unterschiede sind zu groß, als daß literarische Abhängigkeit angenommen werden kann. Es ist aber verständlich, daß sich die wenigen Leser des Manuskriptes nach dem Erscheinen des Buches Mormon daran erinnert fühlten. Versuche, das Buch Mormon auf ein anderes, verschollenes Manuskript Spauldings zurückzuführen, sind gemacht worden, doch ohne Belege erscheinen solche Theorien zu konstruiert, um überzeugend zu sein.[32]

5. Die Sprache
Moroni erklärt den Lesern des Buches Mormon, daß die Urkunden in einer Sprache geschrieben seien, die von keinem anderen Volk gesprochen wurde. Sie seien nur mit göttlicher Hilfe interpretierbar. Das Alphabet jedoch werde als ‚reformiert Ägyptisch' bezeichnet.

---

[32] Brodie, *No Man Knows My History*, 419–433; ebd. 425: Das Manuskript wurde erstmals veröffentlicht von der RLDS in Lamoni, Iowa, 1885. Lester E. Bush jr., „The Spalding Theory Then and Now", *Dialogue* 10/4 (1977) 40–69.

Seht, wir haben diese Urkunden so niedergeschrieben, wie wir es gelernt haben. Wir haben ein Alphabet benutzt, das wir als das ‚reformierte Ägyptische' (reformed Egyptian) Alphabet bezeichnen und das wir von unseren Vorfahren übernommen und unserer Redeweise angepaßt haben. Wären die Tafeln ausreichend groß gewesen, hätten wir hebräische Buchstaben benutzt. Aber auch die hebräischen Zeichen haben wir verändert. Hätten wir allerdings auf Hebräisch geschrieben, siehe, dann gäbe es keine Unvollkommenheit in unseren Urkunden. Doch der Herr kennt die Dinge, die wir niedergeschrieben haben. Und er weiß auch, daß es kein anderes Volk gibt, das unsere Sprache spricht. Und weil kein anderes Volk unsere Sprache beherrscht, hat er ein Hilfsmittel vorbereitet, das die Interpretation der Urkunden ermöglichen wird.[33]

Die Ägyptologie steckte noch in den Kinderschuhen, als das Buch Mormon 1830 erschien. Unter großer Anteilnahme der Öffentlichkeit wetteiferten Gelehrte miteinander, den rätselhaften Rosetta Stein zu entziffern, den französische Soldaten 1799 in Unterägypten entdeckt hatten. Jean François Champollion (1790–1832) gelang es schließlich, dem britischen Arzt Thomas Young (1773–1829) zuvorzukommen und das Rätsel zu lüften. Die Entzifferung der ägyptischen Inschrift aus dem Jahre 196 v. Chr., die in Hieroglyphen und in demotischen Schriftzeichen verfaßt war und auch die griechische Übersetzung enthielt, erlaubte es der Fachwelt zum ersten Mal, Hieroglyphen zu lesen. 1824 veröffentlichte Champollion die erste umfassende grammatische und lexikalische Behandlung der Sprache.

Das Interesse der Öffentlichkeit an der Entzifferung der ägyptischen Sprache war ein wichtiger und leicht zu übersehender Faktor bei der heftigen Diskussion um das Buch Mormon, die sofort nach dem Erscheinen einsetzte. Man hoffte, bald Zuverlässiges über das Volk der Ägypter zu erfahren, das im Alten Testament einen so prominenten Platz einnimmt. Für die Anhänger erschien Joseph Smith als ein Wunderkind, das ohne

---

[33] LDS Mormon 9,32-34; RLDS Mormon 4,98-100.

Bildung, aber mit göttlicher Hilfe fertigbrachte, was die Weisen der Weisen nicht zu leisten vermochten. Für die Gegner erschien er aber lediglich als Hochstapler und Scharlatan. Sie trugen die Hoffnung, Smiths Übersetzung des Buches Mormon eines Tages wissenschaftlich widerlegen zu können.

6. *Archäologie*

Das Buch Mormon beschreibt eine Zivilisation, die sich über tausend Jahre lang über Süd-, Mittel- und Nordamerika erstreckte. Sie war vertraut mit Pferden, Elefanten, Kühen, Schafen, Weizen, Hafer, Stahl, kannte das Rad, Schiffsbau, Segelboote, Münzen, alles Dinge, die für die Urbewohner Amerikas nicht nachweisbar sind. Umgekehrt fehlen in dem Buch Hinweise auf Ereignisse und Kulturen, die in dieser Zeit wissenschaftlich belegbar sind.

Bereits 1922 hat der offizielle Kirchenhistoriker der Kirche, Brigham H. Roberts (1857–1933), in einer dreitägigen Veranstaltung die Kirchenleitung der LDS in Salt Lake City darauf hingewiesen, daß die historischen Angaben des Buches Mormon nach den Erkenntnissen der historischen Wissenschaft nicht haltbar sind.[34]

Dies war für Roberts besonders schmerzlich, da er selbst 1909 ein dreibändiges Werk, *New Witnesses of God*, veröffentlicht hatte, das detailliert Erkenntnisse der neueren Forschung aufzählt, welche die Angaben des Buches Mormon bestätigen. Auch hatte er in einem Roman, *Corianton: A Nephite Story* (1889), die Handlung des Buches Mormon literarisch verarbeitet. Das Buch war sogar zu einem Theaterstück aufbereitet und mit großem Publikumserfolg aufgeführt worden. Besonders beunruhigt war Roberts bereits 1909 durch die Beobachtung, daß Pferde für die frühe Zeit in Amerika nicht belegbar sind, im Buch Mormon aber erwähnt werden.[35]

---

[34] Brigham D. Madsen, „Reflections on LDS Disbelief in the Book of Mormons As History", *Dialogue* 30.3 (1997) 87–97; 89.

[35] Z.B. 1 Nephi 18:25; Enos 1:21; Alma 18:9 ff; 3 Nephi 3:22; 4:4; 6:1; 21:14; Ether 9:19.

Brigham Roberts ist ein gutes Beispiel dafür, mit welcher Aufrichtigkeit und wissenschaftlichen Hingabe Mitglieder der Glaubensgemeinschaft historische Forschung betreiben. Unbequeme Ergebnisse werden nicht immer beschönigt. Es gibt genügend Beispiele dafür, daß man sich kritischen Anfragen aufrichtig stellt und lieber den Kritikern eine kluge Antwort schuldig bleibt, als mit einer offensichtlichen Lüge zu leben. Andererseits haben die beunruhigenden historischen Erkenntnisse der neueren Forschung – und dazu haben auch die Historiker der kircheneigenen Brigham Young Universität in Provo ihren Beitrag geleistet – weder die Kirchenleitung noch die Grundfesten der Gemeinschaft sonderlich erschüttert.

Ich halte dies nicht für überraschend. Viele religiöse Gemeinschaften scheinen immun gegenüber historisch-kritischen Erkenntnissen zu sein – ein Phänomen, das von der Polemik gerne übersehen wird, die wie im Falle der Mormonen einen ungeheuren Aufwand betreibt, historische Details ihrer Kirchentradition zu widerlegen.[36]

Eine Gemeinschaft, die im Christentum verwurzelt ist, zu dessen Glaubenswahrheiten seit biblischen Zeiten die unbefleckte Empfängnis, Jungfrauengeburt und Auferstehung Jesu gehören, Ereignisse also, die, historisch-kritisch gesehen, wenig wahrscheinlich sind, hat gelernt, sich vom Unglauben der Umwelt nicht beirren zu lassen. Es ist mein täglich Brot als Bibelwissenschaftler, Studenten auf den Pfarrdienst vorzubereiten, indem ich sie der literarischen und historischen Kritik ihrer Heiligen Schriften aussetze, und Jahr für Jahr beobachte ich, wie die Auseinander-

---

[36] Das wohl einflußreichste Buch, das gelehrte Kritik gesammelt und ein breites Publikum erreicht hat, ist das im Eigenverlag herausgegebene, 576 maschinengeschriebene Seiten starke Buch *Mormonism: Shadow and Reality* (Salt Lake City: Utah Lighthouse Ministry, 5. Auflage 1987) von Jerald und Sandra Tanner. Der orthodoxe Standpunkt der LDS, der oft in Auseinandersetzung mit den Tanners definiert wird, ist vertreten in *The Foundation for Ancient Research and Mormon Studies* (FARMS) in Provo, Utah, eine Organisation, die eng mit der kircheneigenen Brigham Young University zusammenarbeitet.

setzung mit der eigenen Geschichte nicht verzweifeln läßt, sondern stärkt.

Die Angaben des Buches Mormon ließen sich archäologisch bisher nicht verifizieren. Die LDS hat enorme Gelder in die wissenschaftliche Erforschung investiert, aber bisher keine archäologischen Resultate beibringen können, die von der Fachwelt bestätigt worden wären.[37]

Zusätzlich zeichnet das Buch Mormon ein Bild von einer relativ einheitlichen Kultur, die eine einzige Sprache verwendet und über entfernte Teile Amerikas miteinander kommuniziert. Amerika vor der Entdeckung durch Kolumbus sah aber ganz anders aus: eine große Variationsbreite, was die ethnischen Gruppen angeht; eine Verwandtschaft mit ostasiatischen Völkern, aber nicht mit semitischen; eine Vielfalt von Sprachen, von denen keine auch nur im entferntesten mit Hebräisch oder Ägyptisch verwandt ist.

Die Erzählung stellt das Volk als eine jüdische Gruppe dar, die die Autorität der mosaischen Bestimmungen anerkennt. Umgekehrt spiegelt sich in den Geschichten aber fast keine Spur von Gesetzesbeobachtung wider, jüdische Bestimmungen werden nicht diskutiert oder rituell eingehalten.

Dies steht in scharfem Gegensatz zu Joseph Smiths Überzeugung, daß es sich bei den im Buch Mormon wiedergegebenen Texten um religiöse Urkunden der Ureinwohner Nordamerikas handelte. Wie kommt es zu diesem Widerspruch?

7. Joseph Smith als „Übersetzer"

a) Der Übersetzungsvorgang

Einige Berichte, die den eigentlichen Übersetzungsvorgang

---

[37] *The Foundation for Ancient Research and Mormon Studies* (FARMS) sammelt und veröffentlicht aktuelle wissenschaftliche Beiträge zur Historizität der Angaben im Buch Mormon. Die Institution unterhält eine übersichtliche Internet-Seite (siehe Literaturverzeichnis), die es Interessierten ermöglicht, sich selbst ein Bild zu machen. Einige meiner LDS-Gesprächspartner zeigten sich enttäuscht davon, daß mich die Ergebnisse nicht beeindruckt haben.

beschreiben, erwähnen zwei Sehersteine, die Joseph für seine Arbeit benutzte. In der Überlieferung werden diese Steine im Anklang an die alttestamentlichen Orakelsteine (vgl. 1 Sam 14,41 f) als Urim und Thummim bezeichnet. Andere Berichte erwähnen nur einen Stein, den Smith 1822 beim Brunnengraben gefunden hat.

Josephs jüngerer Bruder William berichtete später, daß die beiden Sehersteine durch einen Silberdraht in Form einer Acht gefaßt waren. Die Steine waren viel zu groß, so daß Joseph immer nur durch einen Stein hindurchsehen konnte. Statt das andere Auge zu schließen, bedeckte er es manchmal mit einem Hut oder einem anderen Gegenstand. Diese ‚Brille' war an einem Stock befestigt, der von der Schulter nach oben reichte und mit einem Brustpanzer verbunden war, den Joseph Smith bei den Tafeln gefunden hatte.[38]

b) Die verlorenen Blätter des Buches Mormon
Im Vorwort der Erstausgabe von 1830 berichtet Joseph Smith von einem Mißgeschick, dem die ersten 116 Seiten der Übersetzung zum Opfer gefallen waren.

---

[38] Vogel (Hg.), *Early Documents*, 507–513. Gespräche mit William Smith, jüngerer Bruder von Joseph, 1890 und auf dem Sterbebett 1893. Die Tafeln selbst hat William nicht gesehen, aber er hat sie durch den Stoff einer Jacke, in der sie eingewickelt waren, betastet. Das Gewicht schätzte er auf etwa sechzig Pfund, es waren dünne Metalltafeln, die durch Ringe am ‚Buch'rücken verbunden waren. Eine etwas andere Darstellung findet sich in der ältesten deutschsprachigen Veröffentlichung: Orson Hyde, *Ein Ruf aus der Wüste* (Frankfurt 1842), 27: „Diese zwei Steine, genannt Urim und Thummim, im Durchmesser einer englischen Krone (Münze) nur etwas dicker, wurden dahin gelegt, wo alles Licht ausgeschlossen war. Die handelnden Personen opferten alsdann ihre Gebete dem Herrn, und die Antwort erschien, geschrieben mit Buchstaben des Lichts, auf den Urim und Thummim, verschwand aber sehr bald wieder."

Lucy Mack Smith, Josephs Mutter, berichtet in ihrer Biographie, daß Martin Harris, der die Übersetzung zum Teil finanziert hatte, die Manuskriptseiten von Smith erhalten und zu sich nach Hause gebracht hatte, um sie jedem zu zeigen, der sie sehen wollte. Er verstaute sie in einem Möbelstück, das seiner Frau gehörte. Als er in deren Abwesenheit einmal den Schlüssel nicht fand, brach er das Schloß auf und fügte dem Möbelstück dabei erheblichen Schaden zu. Seine Frau war so wütend darüber, daß sie das Manuskript stahl und außer Haus brachte. Lucy schreibt:

Das Manuskript wurde nie gefunden. Und es kann überhaupt kein Zweifel daran bestehen, daß es Mrs. Harris aus der Schublade genommen hat, um es zurückzuhalten, bis eine andere Übersetzung gemacht wurde; dann wollte sie das Original verändern, um auf Widersprüche zwischen den beiden Fassungen hinzuweisen, damit das ganze wie ein Betrug aussieht.[39]

Denselben Gedanken wiederholt Joseph Smith im Vorwort zur Erstausgabe, das im folgenden wiedergegeben ist:

An die Leser –

Da viele falsche Berichte in Umlauf sind bezüglich des folgenden Werkes und auch von übelgesinnten Leuten viele ungesetzliche Maßnahmen ergriffen wurden, um mich und auch das Werk zu vernichten, möchte ich Sie davon in Kenntnis setzen, daß ich mithilfe der Gabe und der Kraft Gottes 116 Seiten übersetzt und schriftlich habe festhalten lassen, die ich dem Buch Lehi entnommen habe, das seinerseits eine von der Hand Mormons angefertigte, gekürzte Fassung der Tafeln Lehis darstellt; diese Fassung hat eine Person oder mehrere Personen gestohlen und von mir ferngehalten, obwohl ich mein Möglichstes getan habe, um sie wieder zu erhalten – und da mir vom Herrn befohlen wurde, daß ich denselben Text nicht noch einmal übersetzen sollte, denn Satan hatte es ihnen ins Herz gelegt, Gott den Herrn zu versuchen, so daß sie die Worte verändern würden, damit sie dem widersprechen, was ich

---

[39] Kapitel 26; S. 123.

übersetzt und schriftlich habe festhalten lassen; und wenn ich den genauen Wortlaut wiederholen sollte, oder anders ausgedrückt, wenn ich denselben Text noch einmal übersetzen sollte, dann würden sie das veröffentlichen, was sie gestohlen haben, und Satan würde die Herzen dieser Generation aufwiegeln, so daß sie dieses Werk nicht annehmen; doch siehe, der Herr sprach zu mir: „Ich werde nicht zulassen, daß der Satan diese üble List zu Ende bringt; deshalb sollst du von den Tafeln Nephis übersetzen, bis du zu dem kommst, was du bereits übersetzt hast, woran du dich erinnern kannst; und siehe, du sollst es veröffentlichen als die Aufzeichnung Nephis; und auf diese Weise werde ich diejenigen vernichten, die meine Worte verändert haben. Ich werde nicht zulassen, daß sie mein Werk zerstören; ja, ich will ihnen zeigen, daß meine Weisheit größer ist als die Hinterlist des Teufels." Aus diesem Grunde, um den Geboten Gottes gehorsam zu sein, habe ich durch seine Gnade und sein Erbarmen das zu Ende gebracht, was er mir bezüglich dieser Sache geboten hat. Ich möchte Sie auch noch darüber in Kenntnis setzen, daß die Tafeln, von denen gesprochen wurde, im Gebiet des Ortes Manchester, Ontario County im Staate New York, gefunden wurden.
Der Autor

Joseph und seine Mutter drücken damit ein Verständnis der Übersetzungsarbeit aus, das nicht einfach mit der Übertragung von einer Sprache in eine andere gleichzusetzen ist. Joseph Smith hat den Übersetzungsvorgang eher als eine Art Diktat erlebt. Er zweifelt nicht daran, daß er in der Lage sei, den genauen englischen Wortlaut der ersten Fassung erneut niederzuschreiben. Bei einer Übersetzung im herkömmlichen Sinne müßte der Text der zweiten Fassung nicht unbedingt wortgleich mit der ersten Fassung sein, um eine korrekte Übersetzung darzustellen.

Von Übersetzungstätigkeit im allgemein gebräuchlichen Sinne kann also nach Smiths Selbstverständnis nicht die Rede sein. John Wycliffe oder Martin Luther dagegen verstanden ihre Übersetzungstätigkeit als eine akademische Leistung, die durchaus verbesserungswürdig blieb. Joseph Smith bemüht sich im Falle des Buches Mormon um die Niederschrift einer diktierten Offenbarung.

c) Die Kinderhook-Tafeln
Gelegentlich ist Joseph Smith auch Opfer übler Streiche geworden. Einer davon, der Fall der Kinderhook-Tafeln, bestätigt das eben gezeichnete Bild von Smiths Übersetzungstätigkeit.
Am 1. Mai 1843 erschien in der von Mormonen kontrollierten Zeitung *Times and Seasons* ein Artikel, der folgendermaßen begann:

Ein gewisser Herr J. Roberts aus Pike County hat uns letzten Montag eine schriftliche Darstellung einer Entdeckung zugehen lassen, die in der Nähe von Kinderhook gemacht wurde. Ein junger Mann namens Wiley, wohnhaft in Kinderhook, träumte an drei aufeinanderfolgenden Nächten davon, daß auf einem nahegelegenen Hügel ein Schatz verborgen war. Der Umstand, daß er dreimal denselben Traum hatte, veranlaßte ihn dazu, zur eigenen Beruhigung auf dem Hügel zu graben. Da sich die Graberei aber als äußerst anstrengend erwies, bat er andere um Mithilfe. Am Ende war es eine Gruppe von zehn oder zwölf Leuten, die sich auf dem Hügel zu schaffen machte und den Schacht vertiefte, den Wiley begonnen hatte. In elf Fuß Tiefe stießen sie auf Kalkstein, der deutliche Brandspuren aufwies. Sie beseitigten den Stein, der nicht sehr groß war und sich leicht bewegen ließ. In zwölf Fuß Tiefe fanden sie sechs Metalltafeln, die mit zwei Eisendrähten zusammengebunden waren. Die Drähte waren schon so stark verrostet, daß sie zu Staub zerfielen, als die Männer sie berührten. Die Tafeln selbst waren so vollständig mit Rost überzogen, daß die darauf eingravierten Buchstaben kaum auszumachen waren. Aber nach einer Behandlung mit Chemikalien war die Inschrift wieder klar und deutlich zu erkennen.[40]

Außer Wiley erklärten später noch acht Männer – darunter ein gewisser W. Fugate, der später noch eine Rolle spielen sollte –

---

[40] Übersetzt aus Roberts (Hg.), *History of the Church*, 5, 377–378.

öffentlich, daß sie am 23. April bei dem Fund der sechs glockenförmigen Metalltafeln zugegen gewesen waren. Einer der Männer, die Wiley zu Hilfe gekommen waren, war Mormone. Es war nur eine Frage der Zeit, bis Joseph Smith die Tafeln zur Einsichtnahme erhalten sollte. Am 1. Mai ließ der Prophet folgendes schriftlich festhalten:

Ich habe einen Teil davon übersetzt und bin zu dem Ergebnis gekommen, daß sie die Geschichte der Person enthalten, bei der sie gefunden wurden. Er war ein Nachkomme Hams, von den Lenden des Pharao gezeugt, König von Ägypten, und er hat sein Königreich direkt vom Herrscher des Himmels und der Erde empfangen.[41]

Joseph Smiths Übersetzung ist nicht mehr erhalten.[42]

Bereits 1855 erklärte ein gewisser W.P. Harris, der bei der Entdeckung und Reinigung der Tafeln zugegen gewesen war, daß einer der anderen Ausgräber, Bridge Whitten, ihm gegenüber erklärt habe, daß er, Whitten, zusammen mit Wiley die Tafeln

---

[41] Roberts (Hg.), *History of the Church*, 5, 372.
[42] Faulrings 1989 veröffentlichte Ausgabe des betreffenden Tagebucheintrages stimmt nicht mit der älteren Wiedergabe von Roberts überein. Faulring (Hg.), *Record*, 375, lautet: „Monday, May 1(st) 1843 Rode out (in the) forenoon and afternoon. (rest of page blank) {page 187}". Roberts (Hg.), *History*, 5, 372, setzt den Eintrag nach dieser Stelle fort mit „I insert fac-similes of the six brass plates found near Kinderhook, in Pike county, Illinois, on April 23, by Mr. Robert Wiley and others..." Die Tagebücher selbst liegen heute im historischen Archiv der LDS in Salt Lake City. Faulring wurde der Zugriff auf die Originale nicht gestattet, und er sah sich gezwungen, für seine Ausgabe auf öffentlich zugängliche Mikrofilme der Tagebücher zurückzugreifen. Ich erkläre mir den Befund so, daß bei der Anfertigung der Mikrofilme der untere Teil der Seite abgedeckt wurde. Den Eintrag in Joseph Smiths Tagebuch vom 7.5.1843, also zwei Wochen nach dem Fund, übergeht Roberts. Er lautet übersetzt (Faulring, *Record*, 376): „Am Vormittag Besuch von einigen Herren bezüglich der Tafeln, die auf einem Hügel in Qunig{=Kinderhook, Illinois} ausgegraben wurden. Durch W{illiam} Smith an das Büro für Hebräische Bibel und Lexikon gesandt."

selbst hergestellt und vergraben habe. Harris war bis zu diesem Zeitpunkt von der Echtheit des Fundes überzeugt gewesen.[43]
Am 30. Juni 1879, also 36 Jahre nach dem Fund, schrieb der oben erwähnte W. Fugate einen notariell beglaubigten Brief, in dem er das ganze Unternehmen als einen Streich darstellte, den er zusammen mit Robert Wiley, der vorgab, die Tafeln in seinen Träumen gesehen zu haben, und Bridge Whitten vorbereitet hatte. Die drei Männer benutzten die Prophezeiung, daß die Erde außer dem Buch Mormon noch weitere alte Urkunden preisgeben würde – eine Hoffnung, die bis heute von vielen Mitgliedern der Glaubensgemeinschaft geteilt wird. Aus Bienenwachs wurde ein Model hergestellt, in den Phantasiezeichen eingraviert wurden, die dann mit Hilfe von Säure auf die Tafeln übertragen wurden. Das Ganze wurde dann mit Draht zusammengebunden und künstlich gealtert. Man lud ‚Zeugen‘ ein, unter dem Vorwand, daß man für die Ausgrabungsarbeiten Helfer brauche. Wiley hatte bereits eine acht Fuß tiefe Grube ausgehoben und war auf einen großen, flachen Stein gestoßen, etwa ein Meter im Durchmesser, der hohl klang. Dort versteckte er die Tafeln. Der Suchtrupp fand den Stein am nächsten Tag auch rasch, die Männer übersahen aber die Tafeln. Fugate sah sich deshalb gezwungen, diese selbst zu ‚entdecken‘, er hob sie hoch und rief die anderen herbei. Die Helfer meinten, daß es sich bei der Schrift um Hieroglyphen handle, und entfernten den Rost mit Säure. Außer den Tafeln fand man unter dem Stein Knochenreste und Scherben.
Der Mormone, der bei der Entdeckung zugegen war, ein gewisser Sharp, schien außer sich vor Freude. Er erzählte, daß ihm zunächst der Teufel erschienen sei und ihn davor gewarnt habe, sich an der

---

[43] Der Brief wurde von den Herausgebern des *Journal of the Illinois State Historical Society* abgedruckt: „A Hoax: Reminiscences of an Old Kinderhook Mystery" 5 (1912) 271–273. Interessant am Rande ist, daß ein Zeuge, den die Herausgeber befragten, und der sich sowohl an das Ereignis als auch an einige der beteiligten Leute erinnern konnte, der Meinung war, daß das ganze Unternehmen nicht dazu gedacht war, Joseph Smith zu schaden, sondern vielmehr dessen visionäre Ansprüche bestätigen sollte (ebd. 271).

Ausgrabung zu beteiligen, denn das Ganze sei nur ein Streich von Fugate und Wiley. Eine Stunde später sei ihm der Herr erschienen und habe ihm gesagt, daß an der betreffenden Stelle ein Schatz vergraben sei. Dies habe ihn dazu veranlaßt, bei der Suche mitzuhelfen.

Angeblich hatten sich die Männer zunächst geweigert, die Tafeln an Smith weiterzuleiten. Fugates Brief endet mit den Worten:

Einige Zeit später gab sich ein Mann als ein gewisser Herr Savage aus Quincy aus, borgte die Tafeln von Wiley unter dem Vorwand, sie seinen gelehrten Freunden zeigen zu wollen, brachte sie aber zu Joe Smith. Dieselben Tafeln wurden dann wieder an Wiley zurückgegeben, der sie Professor McDowell aus St. Louis gab, für sein Museum.[44]

In den Wirren des amerikanischen Sezessionskrieges gingen die Kinderhook-Tafeln verloren. Die fünfte Platte ist später im Museum der Chicago Historical Society wiederentdeckt worden, wo sie versehentlich als Teil des Buches Mormon katalogisiert worden war. Sie ist mehrfach von unabhängigen Fachleuten untersucht worden, die alle zu dem Ergebnis gelangten, daß es sich sehr wahrscheinlich um eine der historischen Kinderhook-Tafeln handelt.[45]

Warum aber haben die Fälscher so lange gewartet, bis sie mit der Wahrheit an die Öffentlichkeit gingen? Falls sie Joseph Smith schaden wollten, wäre es da nicht effektiver gewesen, den

---

[44] Roberts (Hg.), *History*, 5, 378 f.

[45] Vgl. George M. Lawrence, „Report of a Physical Study of the Kinderhook Plate Number 5" *Scientific American* (April 1966) 72–81 (non vidi). Photographien der erhaltenen fünften Tafel sind abgedruckt in Welby W. Ricks, „The Kinderhook Plates", *Improvement Era*, 65 (1962) 636 f und in *Encyclopedia of Mormonism*, Artikel „Kinderhook Plates". Die bei Welby abgedruckte Rückseite zeigt Zeichen von Zerstörung, so als wäre Säure darüber gegossen worden. Daß dies auf einen Unfall beim Säubern der Tafeln zurückzuführen ist, ist unwahrscheinlich, da die bei Roberts abgedruckte Skizze die Rückseite von Tafel fünf ohne Zerstörungen zeigt. Roberts Quelle ist die in Nauvoo herausgegebene, zweiwöchentlich erscheinende Zeitung *Times and Seasons*.

Schwindel sofort aufzudecken? Sind diese Briefe nicht eher als einer der zahlreichen Versuche zu deuten, der Kirche durch Polemik zu schaden? Diese und ähnliche Argumente sind immer wieder vorgebracht worden.[46]

Andererseits läßt sich auch leicht nachvollziehen, daß die **Enthüllung der Fälscher am meisten Eindruck gemacht hätte**, wenn sie nach der Veröffentlichung von Smiths Übersetzung erfolgt wäre. Dazu ist es aber nicht gekommen, Smith starb im darauffolgenden Jahr. Die Fälscher konnten nicht wissen, daß in den Aufzeichnungen Smiths keine Übersetzung der Kinderhook-Tafeln gefunden wurde. Meiner Ansicht nach ist das lange Warten damit ausreichend motiviert.

Die Episode ist deshalb hier so ausführlich erzählt, weil sie das Bild bestätigt, das sich oben aus der Beschreibung des Übersetzungsvorganges des Buches Mormon ergeben hat. Es handelt sich offensichtlich nicht um eine Übertragung von einer Sprache in die andere, sondern um einen intuitiven Vorgang, der durch eine Betrachtung des Gegenstandes ausgelöst wurde.

Die Schriftzeichen der Kinderhook-Tafeln konnten bisher mit keinem bekannten Alphabet in Verbindung gebracht werden. Auch steht eine Übersetzung von Joseph Smith nicht zur Verfügung. Es ist daher nachzuvollziehen, daß sich Apologeten der Kirche vom argumentativen Wert des Fundes nicht besonders beeindruckt zeigten.[47]

Im nächsten Beispiel, dem Buch Abraham, ist die Situation allerdings klarer. Das Original und die Übersetzung von Joseph Smith sind erhalten, und die Sprache und Schriftzeichen der Vorlage sind bekannt.

---

[46] Vgl. Roberts (Hg.), *History*, 378–379.
[47] Welby Ricks, 660, argumentiert, der Befund lasse nicht den Schluß zu, daß Smiths Übersetzung fehlerhaft sei. Man habe ja weder Smiths Übersetzung, noch könne man die Tafeln lesen. Ricks schließt mit dem Appell: „... die ganze Welt ist dazu eingeladen, die Wahrheit zu untersuchen, die die Erde preisgab, nicht nur die Kinderhook-Tafeln, sondern auch das Buch Mormon."

d) Das Buch Abrahams
Während seines Aufenthaltes in Kirtland, Ohio, erwarb die Kirche im Auftrag Smiths 1835 einige ägyptische Mumien und Papyri. Während Joseph Smith die Tafeln des Buches Mormon nur einem kleinen Kreis zugänglich gemacht hatte, gestattete er jedem, der sie sehen wollte, die Papyri zu untersuchen. Auszüge aus Smiths Übersetzung wurden 1851 in Liverpool, England, als Buch Abraham im Sammelband *Pearl of Great Price* (Köstliche Perle) erstmals veröffentlicht. Die Köstliche Perle wird heute neben dem Buch Mormon und dem Buch der Lehre und Bündnisse von der LDS in kanonischem Ansehen gehalten. Für die RLDS spielt das Werk nur eine untergeordnete Rolle.
Lange Zeit dachte man, daß die Papyri verschollen oder im großen Feuer von 1871 in Chicago verbrannt seien. Im November 1967 allerdings tauchten sie im renommierten Metropolitan Museum of Art in New York auf und wurden der Kirchenleitung zum Erwerb angeboten. Smith hatte seiner Übersetzung eine Zeichnung beigegeben, die er aus dem Papyrus kopiert hatte. Die Identifikation des New Yorker Papyrus als die Vorlage Smiths erfolgte daher mit großer Sicherheit.
Die Kirchenleitung war von dem Fund begeistert und voll guter Hoffnung, daß Joseph Smiths Fähigkeiten nun auch vor der Welt bewiesen werden konnten. Um so herber war die Enttäuschung, als sich herausstellte, daß es sich bei dem Papyrus um eine Kopie des gut dokumentierten ägyptischen Totenbuch handelte.
Die Skizze, die Smith aus dem Papyrus kopiert hatte, kommentierte er als „Der Götzenpriester von Elkenah bei dem Versuch, Abraham zu opfern". Basierend auf vergleichbaren Texten kann aus ägyptologischer Sicht allerdings kaum Zweifel daran bestehen, daß die Darstellung den ägyptischen Totengott Osiris zeigt, der von Anubis zur Bestattung vorbereitet wird.
Folgendes läßt sich festhalten und wurde auch von seiten der Kirche nicht in Zweifel gezogen: Die englische Übersetzung Smiths entspricht nicht im entferntesten dem ägyptischen Text des Papyrus. Die Einschätzung, daß es sich um einen Autographen handelt – das hieße, Abraham hätte den Papyrus mit eigener Hand

beschrieben –, ist eindeutig widerlegt, da der Papyrus erst in nachchristlicher Zeit beschrieben wurde. Das Bild ist auf dem Original nicht vollständig enthalten. Da ähnliche Illustrationen zahlreich überliefert sind, lassen sich die fehlenden Teile wissenschaftlich mit hoher Wahrscheinlichkeit rekonstruieren. Die Ergänzung, die Joseph Smith vorgenommen hat, stimmt damit nicht überein.[48]

Irritierend ist weiterhin, daß Joseph Smith – anders als bei dem Buch Mormon und den Kinderhook-Tafeln – der Ansicht war, die Sprache der Papyri zu verstehen. Er begann damit, eine Grammatik und ein Alphabet des Ägyptischen zu verfassen, beides ist aus wissenschaftlicher Sicht wertlos.[49]

Befreit man sich von dem Zwang, die Bewegung lächerlich machen zu müssen, läßt sich historisch aus den Vorgängen um das Buch Abraham mehr ableiten, als daß Joseph Smith seine sprachlichen Fähigkeiten falsch einschätzte. Die am Buch Mormon und den Kinderhook-Tafeln gewonnene Einsicht, daß es sich bei der ‚Übersetzung' Smiths um einen intuitiven Vorgang handelte, der im Text der Vorlage keine Entsprechung hat, wird eindeutig bestätigt.

e) Die „Neue Übersetzung" der Bibel

Erst 1867, zweiundzwanzig Jahre nach dem Tode des Propheten, wurde Joseph Smiths inspirierte Übersetzung der christlichen Bibel zum ersten Mal veröffentlicht. Doch hatte Joseph Smith dieses Projekt bereits im Frühjahr 1831 begonnen, also ein Jahr nach der Gründung der Kirche. Am 2. Februar 1833 war die Arbeit am Neuen Testament abgeschlossen, und am 2. Juli desselben Jahres war auch das Alte Testament übersetzt.[50]

---

[48] Ausführliche Darstellung: Charles M. Larson, By His Own Hand upon Papyrus: A New Look at the Joseph Smith Papyri (Grand Rapids, Michigan: Institute of Religious Research, 1992; copyright 1985).

[49] Mit großem Vergnügen wird dies von der kritischen Literatur ausgeschlachtet. Vgl. Tanner, Mormonism, 360.

[50] Die Angaben beruhen auf der Einleitung zur Edition von Wellington, F.

Doch drei Wochen später wurde die Druckerpresse in Independence im Zuge der Mormonenverfolgungen in Missouri gewaltsam zerstört. Auch der Versuch der Gemeinde in Kirtland, das Manuskript zu veröffentlichen, mißlang. Der letzte Versuch zu Lebzeiten Smiths schließlich fand 1841 statt, als der Prophet William Law, der später durch seine Beteiligung am Nauvoo Expositor als Gegner in Erscheinung trat, durch eine Offenbarung mit der Veröffentlichung des längst abgeschlossenen Manuskriptes beauftragte (RLDS LuB 107,28b Edition 1970, Anhang A; LDS LuB 124,89). Auch dieser Versuch schlug fehl.
Nach dem Tode Joseph Smiths blieben die Manuskripte, die scheinbar in Josephs persönlichen Dingen gefunden wurden, in den Händen seiner Frau Emma. 1866 trat die Kirchenleitung der RLDS mit dem Anliegen an die Witwe heran, die von Smith vorbereitete Bibelübersetzung zu veröffentlichen. Emma überreichte dem dafür gebildeten Komitee vier handgeschriebene Bände. 37 Jahre nach der Erstausgabe, im Jahre 1903, tauchte ein weiterer authentischer Band auf.
Die Engel, die Joseph Smith erschienen, zitierten manchmal aus der Bibel. Doch nicht immer stimmte der Wortlaut mit dem Wortlaut der damals allgemein im Gebrauch stehenden King James Übersetzung überein. Dies hatte bei einigen Gemeindegliedern zur Überzeugung geführt, daß der von der christlichen Kirche überlieferte Bibeltext nicht mit dem ursprünglichen, göttlichen Text übereinstimmt. Das Buch Mormon bringt schon allein dadurch, daß es existiert, zum Ausdruck, daß die christliche Bibel keine abgeschlossene Sammlung göttlicher Offenbarungen darstellt. Darüber hinaus äußern sich mehrere Texte des Buches Mormon kritisch über den Überlieferungsprozeß der Bibel. Die

---

Henry Edwards, *Joseph Smith's „New Translation"* of the Bible, auch abgedruckt in: ders., *What is the Inspired Version?* Ausführliche Monographie zu Einleitungsfragen: Robert J. Matthews, *„A Plainer Translation": Joeseph Smith's Translation of the Bible, A History and Commentary* (Provo, Utah: Brigham Young University Press, 1975).

Kirche habe vor allem unliebsame Passagen aus dem Text entfernt.

Daher siehst du, nachdem das Buch durch die Hände der großen und abscheulichen Kirche gegangen ist, daß viele klare und kostbare Dinge aus dem Buche entfernt wurden, welches das Buch des Lammes Gottes ist.[51]

1826 erschien Alexander Campbells Übersetzung des Neuen Testaments. Sidney Rigdon, der Smith bei der Bibelübersetzung als Sekretär diente, war prominentes Mitglied der von Campbell gegründeten *Disciples of Christ* bevor er sich der Bewegung Joseph Smiths anschloß. Er war aufs engste mit Campbells Arbeit vertraut. Der Gedanke, daß die Bibel einer neuen Übersetzung bedurfte, war also für einige Mitglieder der 1830 gegründeten Glaubensgemeinschaft nicht neu.[52]

Im Juni 1830 erhielt Joseph Smith eine Offenbarung, in der er eine Szene zwischen Gott und Mose miterlebte.

Die Worte Gottes, die dieser zu Mose sprach, als er auf einen sehr hohen Berg geführt wurde:

Er sah Gott von Angesicht zu Angesicht und redete mit ihm. Und die Herrlichkeit Gottes ruhte auf Mose, und so konnte Mose seine Gegenwart ertragen. ... Und eines Tages, wenn die Menschenkinder meine Worte für wertlos halten und viele davon aus dem Buch entfernen, das du schreiben sollst, werde ich einen anderen gleich dir erwecken, und meine Worte werden wieder unter den Menschenkindern sein, so viele daran glauben werden.[53]

Joseph Smith betrachtete sich als diesen ‚anderen gleich Mose‘, der erweckt wurde, um die Worte Gottes, die aus der Bibel entfernt worden waren, wieder einzufügen.

---

[51] RLDS 1 Nephi 3,171 = LDS 1 Nephi 13:28.

[52] Auch zwischen Joseph Smith und Campbell bestand durch Rigdon eine Verbindung, siehe Tagebucheintrag vom 4. 9. 1843, Faulring (Hg.), *Record*, 413. Campbell hat sich intensiv mit den Mormonen auseinandergesetzt und seit 1831 zahlreiche polemische Schriften veröffentlicht.

[53] RLDS LuB 22,1.24 b = LDS Köstliche Perle: Mose 1,1.41.

Wie sieht Joseph Smiths Übersetzung der Bibel aus? Im folgenden Auszug habe ich die sogenannte ‚Inspired Version' ins Deutsche übertragen und neben die Lutherübersetzung gestellt, wobei ich wörtliche Übereinstimmungen mit der King James Übersetzung durch wörtliche Übereinstimmungen mit der Lutherübersetzung wiedergebe.[54]

Luther (1956, 1964) 1 Mose 1,1-4	Joseph Smiths Übersetzung 1 Mose 1,1-7
	Und es geschah, daß der Herr zu Mose sprach und sagte: Siehe, ich offenbare dir folgendes über Himmel und Erde. Schreibe die Worte nieder, die ich spreche.
	Ich bin der Anfang und das Ende, der allmächtige Gott. Durch meinen eingeborenen Sohn habe ich diese Dinge geschaffen.
Am Anfang schuf Gott Himmel und Erde. Und die Erde war wüst und leer, und es war finster auf der Tiefe; und der Geist Gottes schwebte auf dem Wasser.	Ja, am Anfang schuf ich den Himmel und die Erde, auf der du stehst. Und die Erde war wüst und leer. Und ich ließ Dunkelheit aufsteigen und sich auf die Tiefe legen. Und mein Geist schwebte auf dem Wasser, denn ich bin Gott.
Und Gott sprach: Es werde Licht! Und es ward Licht. Und Gott sah, daß das Licht gut war. Da schied Gott das Licht von der Finsternis.	Und ich, Gott, sprach: Es werde Licht! Und es ward Licht. Und ich, Gott, sah, daß das Licht gut war. Und ich, Gott, schied das Licht von der Finsternis.

Der narrative Rahmen von Genesis ist nach der inspirierten Übersetzung Joseph Smiths ein Gespräch zwischen Mose und Gott. Gott diktiert, Mose hält schriftlich fest, was Gott sagt. Die

---

[54] Wellington (Hg.), *New Translation*, 27 ff.

Geschichte, die die Leser der jüdischen Bibel aus dem Munde eines allwissenden, aber namenlosen Berichterstatters vernehmen, wird in Smiths Wiedergabe von Gott selbst erzählt. Die Erzählperspektive ist konsequent verändert.

Bestimmte Fragen, die sich den Lesern der englischen Bibel stellen mögen, werden beantwortet. Zum Beispiel die Frage, warum Gott bei der Schöpfung des Menschen im Plural spricht: „Lasset uns Menschen machen, ein Bild, das uns gleich sei" (1 Mose 1,26). In der Übersetzung Joseph Smiths findet der Plural eine christologische Deutung, Gott Vater spricht zu Sohn Christus.

Und Gott sprach:	Und ich, Gott, sprach zu meinem Eingeborenen, der im Anfang bei mir war:
Lasset uns Menschen machen, ein Bild, das uns gleich sei, die da herrschen über die Fische im Meer und über die Vögel unter dem Himmel und über das Vieh und über alle Tiere des Feldes und über alles Gewürm, das auf Erden kriecht. (1,26)	Lasset uns Menschen machen, ein Bild, das uns gleich sei. Und es ward so. Und ich, Gott, sprach: Sie sollen herrschen über die Fische im Meer und über die Vögel unter dem Himmel und über das Vieh und über alle Tiere des Feldes und über alles Gewürm, das auf Erden kriecht. (1,27-28)

Der erste größere Einschub ist nach dem zweiten Kapitel erfolgt. Eine Schwierigkeit bei der Interpretation der Geschichte vom Sündenfall ist, daß Gott auch als Schöpfer der Schlange dargestellt wird, die Eva in Versuchung führt. In der christlichen Tradition wird Gott aber mit dem „Guten" in der Welt identifiziert, wie das „Böse" in die Welt kommt, ist eine Frage, auf die es in der christlichen Tradition keine einfache oder einheitliche Antwort gibt. Die naheliegende Lösung, daß der Teufel für die Verführung Evas verantwortlich ist, hat keinen Anhalt im Text der ersten

beiden Kapitel der Bibel. Joseph Smiths inspirierte Übersetzung aber erklärt, daß der Absatz, der den Fall der Engel und die aktive Rolle Satans bei der Verführung Evas beschreibt, in der biblischen Tradition verlorengegangen ist.
Nach einer Szene, in der Satan und Christus vor Gott stehen, entscheidet sich Gott für die Demut Christi und gegen die Versprechungen Satans.

1 Mose 2,25: Und sie waren beide nackt, der Mensch und sein Weib, und schämten sich nicht.	1 Mose 2,31: Und sie waren beide nackt, der Mensch und sein Weib, und schämten sich nicht.

Und ich, Gott der Herr, sprach zu Mose und sagte:
Dieser Satan, dem du geboten hast im Namen meines eingeborenen Sohnes, ist derselbe, der von Anfang an war.
Und Satan trat vor mich und sagte:
‚Siehe, sende mich, ich werde dein Sohn sein, und ich werde die gesamte Menschheit erlösen, so daß nicht eine einzige Seele verlorengeht, und ich werde dies gewißlich tun. Darum bezeuge mir deine Ehre.'
Doch siehe, mein geliebter Sohn, der von Anfang an von mir geliebt und auserwählt war, sagte zu mir:
‚Vater, dein Wille geschehe, und dein ist die Herrlichkeit von Ewigkeit zu Ewigkeit.'
Weil Satan gegen mich rebellierte und versuchte, den freien Willen des Menschen zu zerstören, den ich, Gott der Herr, dem Menschen gegeben hatte, und weil Satan nach meiner Macht strebte, deshalb habe ich ihn durch die Macht meines eingeborenen Sohnes niederwerfen lassen. Und er wurde Satan.
Er wurde zum Teufel, dem Vater aller Lügen, um die Menschheit zu täuschen und zu blenden und um jeden, der nicht auf meine Stimme hören wollte, in seinem Willen gefangenzuhalten (1 Mose 3,1-5).

| 1 Mose 3,1: Aber die Schlange war listiger als alle Tiere auf dem Felde, die Gott der Herr gemacht hatte, und sprach zu dem Weibe: Ja, sollte Gott gesagt haben: ihr sollt nicht essen von allen Bäumen im Garten? | 3,6-8: Die Schlange aber war hinterhältiger als alle Tiere auf dem Felde, die Gott der Herr gemacht hatte. Und Satan legte es in das Herz der Schlange, denn er hatte viele dazu verführt, ihm zu folgen. Und er wollte auch Eva überlisten, denn er kannte Gottes Plan nicht. Deshalb wollte er die Welt zerstören. Und er sprach zu dem Weibe: ‚Ja, sollte Gott gesagt haben: ihr sollt nicht essen von allen Bäumen im Garten?' Und er sprach durch den Mund der Schlange. |

Für den Leser wird in Smiths Version eine Verbindung hergestellt zwischen der Tradition vom Fall der Engel, der Vorstellung vom freien Willen der Menschen und der biblischen Erzählung vom Sündenfall des ersten Paares.

Die Ausgabe weist Eigenheiten auf, die das Werk sehr unausgeglichen und unfertig erscheinen lassen. Wie bereits erwähnt, haben Engel, die Joseph Smith erschienen, gelegentlich Bibeltext zitiert, dessen Wortlaut nicht mit der King James Übersetzung übereinstimmte. Die inspirierte Übersetzung aber folgt an diesen Stellen der King James Übersetzung.[55]

Redaktionelle Änderungen wurden oft nicht konsequent durchgeführt. So wird beispielsweise im Neuen Testament ‚which' und ‚that' zu ‚who' geändert. Dies wurde aber nur für die ersten drei Evangelien durchgeführt, nach Johannes 6 wurde der traditionelle Wortlaut beibehalten.

Die Korrekturen von Mt 26,22-24 sind in der synoptischen

---

[55] Vgl. Wellington (Hg.), *New Translation*, 10-11.

Parallele Lk 22,19 f nicht übernommen. Jes 65,1 wurde geändert, nicht aber das Zitat dieser alttestamentlichen Stelle in Röm 10,20. Auch handelt es sich keineswegs um eine vollständige Übersetzung. Eine Notiz zu den kleinen Propheten besagt, daß diese ohne wesentliche Veränderungen überliefert wurden. Von den Psalmen entsprechen Ps 1-11 der King James Übersetzung, Ps 12-17 weisen zahlreiche Veränderungen auf, Ps 18-32 sind unverändert, Ps 33-38 wurden an wenigen Stellen korrigiert. Die zweispaltige Ausgabe von Wellington, die die inspirierte Übersetzung abdruckt und nur für diese Stellen den King James Text parallel bietet, erlaubt es selten, den Bibeltext im Zusammenhang zu lesen.
Als die Witwe des Propheten, Emma, von ihrem Sohn gebeten wurde, das Manuskript der Übersetzung für die Veröffentlichung zur Verfügung zu stellen, zeigt sie sich sehr zurückhaltend, „in Anbetracht dessen, was dein Vater über den unfertigen Zustand der Arbeit gesagt hat".[56]

8. Ein offener Kanon

Im Gespräch mit Mitgliedern der RLDS, aber auch mit jungen Missionaren der LDS, wurde immer wieder erwähnt, daß die Gemeinschaft mit der Möglichkeit rechnet, daß noch weitere Urkunden der Völker, die im Buch Mormon beschrieben sind, entdeckt werden. Die von Joseph Smith verlorenen und nicht ersetzten Manuskriptseiten, der literarische Charakter als redaktionelle Zusammenfassung Mormons und Moronis legen die Vorstellung eines nicht abgeschlossenen Kanons nahe. Dies wirkt sich auch auf das Verständnis der christlichen Bibel aus. Immer wieder wurden mir gegenüber Texte aus dem Neuen und Alten Testament zitiert, die auf verlorene Bücher verweisen (Joh 21,25; 1 Kor 5,9; Kol 4,16 etc.). Das Buch Mormon gibt vor, Quellen festzuhalten, die lange vor dem Neuen Testament verfaßt wurden. Es sei also älter. Und das höhere Alter des Buches Mormon bestätige die Richtigkeit des Neuen Testaments, nicht umgekehrt.
Eine weitere Vorstellung, die eng mit der Vorstellung eines

---

[56] Brief vom 10. 2. 1867, übersetzt aus H. Edwards, *Inspired Version*, 11.

offenen Kanons verbunden ist, ist die Möglichkeit, daß Gott sich auch anderen Völkern so offenbart hat, wie er es bei Joseph Smith getan hat. Warum soll Gott nicht auch anderen ethnischen Gruppen eine Bibel diktiert haben? Ein jedes Volk wird am Jüngsten Gericht an den Geboten gemessen werden, die ihnen Gott schriftlich anvertraut hat.

Daraus, daß ihr eine Bibel habt, sollt ihr bloß nicht schließen, daß sie alle meine Worte enthält, noch sollt ihr annehmen, daß ich nicht noch mehr habe niederschreiben lassen. Denn ich befehle allen Menschen, sowohl im Osten wie im Westen, im Norden und im Süden und auf den Inseln im Meer, daß sie die Worte niederschreiben sollen, die ich ihnen sage. Denn aus den Büchern, die geschrieben werden sollen, will ich die Welt richten, einen jeden nach seinen Werken, im Einklang mit dem, was geschrieben steht. Denn siehe, ich werde zu den Juden sprechen, und sie werden es niederschreiben; und ich werde auch zu den Nephiten sprechen, und sie werden es niederschreiben; und ich werde auch zu den anderen Stämmen Israels sprechen, die ich weggeführt habe, und sie werden es niederschreiben. Und ich werde zu allen Völkern der Erde sprechen, und sie werden es niederschreiben.[57]

Aus diesen Zeilen spricht eine Bereitschaft, andere Formen von Religionsausübung anzuerkennen, eine der entscheidenden Voraussetzungen für die Beteiligung am ökumenischen Dialog. Wie in manchen protestantischen und katholischen Kreisen wird dieser Weg von vielen Mitgliedern der Glaubensgemeinschaft als steinig und nicht leicht begehbar empfunden. Zu lange ist man verfolgt worden, zu groß waren die Opfer, zu oft wurde man in der Öffentlichkeit verhöhnt und abwertend dargestellt.

9. Stellungnahme

Joseph Smith sieht sich nicht als gelehrter und gebildeter Philologe, der mehr als eine Sprache beherrscht. Er sieht sich vielmehr als willenloses Sprachrohr Gottes, als Erfüllung der

---

[57] Eigene Übersetzung; LDS 2 Nephi 29,10-12 = RLDS 2 Nephi 12,64-70.

Verheißung eines zweiten Mose. So wie er den erzählerischen Rahmen der Genesis gestaltet – Gott diktiert Mose –, hat er seine Rolle bei der Schriftwerdung des Wortes Gottes im Buch Mormon empfunden.

Es ist durchaus möglich und scheint mir sehr wahrscheinlich, daß das Bild, das er von Mose zeichnet, sein persönliches Erleben widerspiegelt. Er hat seine Arbeit am Buch Mormon, den Kinderhook-Tafeln, dem Buch Abraham, der inspirierten Übersetzung als Tätigkeit empfunden, bei der er passiv der Stimme Gottes Ausdruck verlieh.

Der literarische Befund läßt es nicht zu, Joseph Smiths Übersetzungsarbeiten als redaktionelle Tätigkeit zu beschreiben, bei der Texte durch Überarbeitung verbessert werden. Die Bibelübersetzung, bei der neben der intuitiven Arbeit auch redaktionelle Konsequenz gefordert war, wirkt unfertig und zeigt Spuren von mangelnder Bereitschaft, sich redaktionellen Ansprüchen zu stellen. Das andere Projekt, bei der mehr als Intuition gefordert war, die ägyptische Grammatik, ist wissenschaftlich wertlos und niemals veröffentlicht worden.

Eine Einschätzung als Schwindel oder Fälschung entspricht meines Erachtens nicht den überprüfbaren Daten. Ich denke, daß sowohl Anhänger als auch Kritiker der Bewegung besser beraten sind, die Übersetzungstätigkeit Smiths als Ausdruck einer subjektiv authentischen Gotteserfahrung zu betrachten.

III. Die Mormonen-Konfessionen im einzelnen

In den Jahren nach dem Tod des Propheten zerfiel die Bewegung in mehr als zwanzig neue Gemeinschaften, von denen einige bis zum heutigen Tage existieren. Die beiden größten Konfessionen, die beide auch in Deutschland vertreten sind, sollen im folgenden vorgestellt werden.

A. Reorganized Church of Jesus Christ of Latter Day Saints (RLDS)

1. Geschichte

Smiths ältester Sohn, Joseph Smith III (1832–1914), war elf Jahre alt, als sein Vater starb. Im Jahre 1859 entschloß sich Joseph Smith III dazu, die Leitung einer der größten Gruppen zu übernehmen, die sich durch Zusammenschluß verschiedener kleinerer Gemeinschaften gebildet hatte. Gemeinsame Grundlage dieser Gruppen bildete die Überzeugung, daß Joseph Smith seinen Sohn als rechtmäßigen Nachfolger eingesetzt hatte. Es kam 1860 zur Gründung der „Reorganized Church of Jesus Christ of Latter Day Saints", kurz RLDS.[58]

Die RLDS lehnte von Anfang an die Praxis der Mehrehe rigoros ab und war kritisch gegenüber den rituellen und theologischen Neuerungen eingestellt, die Joseph Smith während der letzten Jahre in Nauvoo eingeführt hatte. Sie ist ein lebendiges Beispiel dafür, daß einige der Konsequenzen für Glaube und Ritus, die die LDS in Utah in ihren Gemeinden für verbindlich erklärt hat, nicht notwendigerweise aus dem Werk Joseph Smiths gezogen werden müssen.[59]

---

[58] Roger D. Launius, *Father Figure: Joseph Smith III and the Creation of the Reorganized Church* (Independence, Missouri: Herald Publishing House, 1990); RLDS (Hg.), *The History of the Reorganized Church of Christ of the Latter Day Saints* (Independence, Missouri: Herald Publishing House, 1896 f. Nachdruck 1967; 1973).

Die RLDS hat viel für die Sammlung, Erhaltung und Dokumentation historischer Quellen aus der Frühzeit der Bewegung getan. 1920 wurde der Sitz der offiziellen Kirchenleitung nach Independence, Missouri, verlegt.

2. *Die heutige Kirche*

Die Gemeinschaft umfaßt heute etwa 250 000 Mitglieder und ist international in etwa 40 Ländern vertreten. Die Kirche wird von einem Präsidenten und zwölf Aposteln geleitet, die vom Präsidenten berufen und von der Welt-Konferenz bestätigt werden. 1998 wurden erstmals zwei Frauen in das Apostelamt berufen. Der gegenwärtige Präsident, W. Grant McMurray, ist der erste Präsident, der mit Joseph Smith nicht blutsverwandt ist.

a) Erste Missionare
1872 wurde J. C. Bear als Missionar der RLDS nach Deutschland gesandt. Nur sehr wenige Taufen resultierten aus diesen frühen Bemühungen.

Der eigentliche Beginn der Kirche in Deutschland geht auf die Arbeit von C. C. Joehnk zurück, der 1904 nach Deutschland kam. Die Möglichkeiten zur Öffentlichkeitsarbeit wurden von der Regierung stark eingeschränkt. 1906 wurde Alexander Kippe und 1907 Johann Smolny getauft, unter deren Leitung die Bewegung langsam wuchs. Man hat auch und zum Teil mit Erfolg unter den Mitgliedern der LDS missioniert. Allerdings klagen schon die ersten Missionare über eine Verwechslung mit den ‚Mormonen'.

Die Entwicklung der Kirche wurde durch die beiden Weltkriege empfindlich gestört, aber nicht beendet. Mehrere Gemeinden existierten vor dem Zweiten Weltkrieg in Gebieten, die heute zu Polen gehören. Die meisten der dortigen Mitglieder flohen nach Ost- und vor allem Westdeutschland oder wanderten nach dem

---

[59] Steven L. Shields, *Latter Day Saint Beliefs: A Comparison Between the RLDS Church and the LDS Church* (Independence, Missouri: Herald Publishing House, 1986). Michael Menzel, „Die ungleichen Geschwister", *Betrachtungen* 3,4 (Winter 1995/96) 26–28.

Krieg nach Amerika aus. Diese Entwicklung führte zu einer starken Zersplitterung, die die Bewegung sehr schwächte.
Dennoch waren die Nachkriegsjahre Jahre des Wachstums, in denen das Gemeindeleben ausgebaut wurde. Seit etwa 1980 hat auch die RLDS, wie die evangelische und katholische Kirche in Deutschland, mit einem Mitgliederschwund zu kämpfen. Die deutsche Bewegung ist sehr selbstbewußt und versteht sich als selbständiger Teil der Weltkirche.

b) RLDS in Deutschland heute
Die Kirche in Deutschland ist als gemeinnütziger Verein (e.V.) organisiert und hat etwa 800 getaufte Mitglieder, von denen rund 200 in den neuen Bundesländern wohnen. Die Mitgliederzahl ist leicht sinkend. Regelmäßige Gottesdienste finden in folgenden Städten statt: Hamburg, Braunschweig, Springe (bei Hannover), Bonn, Offenbach, Stuttgart, Augsburg, Kaiserslautern, Dresden, Großräschen (Niederlausitz), Berlin, Brandenburg.
Advent und Weihnachten, Karfreitag, Ostersonntag und Pfingsten werden als kirchliche Feiertage begangen, je nach örtlicher Neigung auch Himmelfahrt und Allerheiligen.
Gerne würde man mehr mit der Landeskirche oder andern christlichen Gemeinschaften zusammenarbeiten, doch werden solche Angebote meist nicht erwidert. Die Bezeichnung Mormonen lehnt die RLDS als Selbstbezeichnung ab, was evangelische und katholische Gesprächspartner gelegentlich noch mehr verwirrt.
Aber es ist nach Aussagen von deutschen Mitgliedern der RLDS auch vorgekommen, daß Versicherungsunternehmen einen Dienstwagen nicht versichern wollten oder daß Hausherren sich weigerten, einen Versammlungsraum an die Gemeinde zu vermieten. Ökumenische Trauungen haben in Einzelfällen stattgefunden, werden aber meist von den großen Kirchen abgelehnt. Die Zusammenarbeit mit evangelischen und katholischen Kirchengemeinden funktioniert so lange nicht, wie kein persönlicher Kontakt hergestellt werden konnte. Hat man die Berührungsängste verloren, gibt es in der Regel kaum Konfliktpunkte. Worüber die

RLDS am meisten klagt, ist, daß sie mit der Scientology-Bewegung (vgl. R.A.T. 1) oder der LDS verwechselt wird. Dann ist in der Regel keinerlei Zusammenarbeit mit anderen Kirchen mehr möglich.

Geklagt wird ferner über die rechtlichen und gesellschaftlichen Strukturen in Deutschland, die die großen Kirchen aus Sicht der RLDS bevorzugen. Es ist für Mitglieder nicht nachvollziehbar, wenn ihre Kinder kirchliche Kindergärten gar nicht oder nur bedingt besuchen dürfen, obwohl diese Einrichtungen durch Steuergelder finanziert werden.

Was den Schulunterricht anbetrifft, gibt es kaum Probleme. Eltern werden von der eigenen Kirche dazu ermutigt, die Kinder in den evangelischen oder katholischen Religionsunterricht zu schicken.

c) Ökumene

Das Interesse am ökumenischen Dialog besteht seit den 60er Jahren, in denen die RLDS ihren Anspruch aufgab, die einzig seligmachende Kirche zu sein. Da die RLDS aber weder protestantisch noch katholisch ist, läßt sie sich schlecht in das gegenwärtige ökumenische Raster in Deutschland einordnen. Ein Kirchenleiter der RLDS erklärte mir, daß ihnen bei einem Besuch in Genf erzählt wurde, daß man sich aufgrund der geschichtlichen Ereignisse in den letzten Jahren vor allem auf die neuen Möglichkeiten in Osteuropa konzentriert hatte und die Gespräche mit den kleineren christlichen Gemeinschaften im Moment zurückstehen müssen. Gerade in Deutschland wird unter ökumenischen Aktivitäten jene Arbeit verstanden, die ausschließlich die Zusammenarbeit zwischen der katholischen Kirche und den protestantischen Landeskirchen fördert, kleinere konfessionelle Gemeinschaften bleiben weitgehend unberücksichtigt.

Der deutsche Zweig der RLDS legt gegenwärtig großen Wert auf die Mitarbeit in ökumenischen und interreligiösen Gremien. Zur Zeit bemüht sich die Gemeinschaft um eine Mitgliedschaft in der Arbeitsgemeinschaft Christlicher Kirchen. Sollte dies gelingen,

wäre es eine willkommene Gelegenheit, gegenseitige Vorurteile abzubauen.
In den USA beteiligen sich die Gemeinden an zahlreichen örtlichen Aktionsgruppen, sind aber auf nationaler Ebene aktiv in den Organisationen *Church Women United*, *Interfaith Impact for Peace and Justice* und im Fernsehverbund *National Interfaith Cable Coalition*.

3. Begegnungen
Von der Existenz der RLDS habe ich erstmals während eines längeren Aufenthaltes im mittleren Westen der USA erfahren. Die Gemeinden, die dort sehr zahlreich vertreten sind, beteiligen sich am öffentlichen Leben der Kommunen genauso wie etwa methodistische, unitarische, katholische oder lutherische Gemeinden.
Während eines Besuches in Independence, Missouri, nahmen wir die Gelegenheit wahr, den futuristisch anmutenden Tempel zu besichtigen, den die RLDS dort gebaut und 1992 eröffnet hat. Der Turm ist so gestreckt, daß man, in der Mitte des Versammlungsraumes stehend, den Eindruck gewinnt, sich im Gehäuse eines Nautilus zu befinden. Der Tempel ist – anders als bei der LDS – Besuchern frei zugänglich. Er wird auch protestantischen und katholischen Kirchengemeinden zur Verfügung gestellt, die ihn für größere Veranstaltungen anmieten. Die Orgel ist weltberühmt, und es werden regelmäßig Konzerte mit international renommierten Interpreten durchgeführt, ein Erlebnis, das man sich nicht entgehen lassen sollte.
Im Rahmen meiner Recherchen für dieses Buch habe ich auch Gottesdienste der RLDS in Maine besucht. Die Gottesdienste selbst haben wenig Liturgie, die Wortverkündigung steht im Mittelpunkt, das Abendmahl wird in der Regel am ersten Sonntag im Monat mit Brot und Traubensaft gefeiert. Die Reaktion der Gemeinde auf unseren Besuch war herzlich, aber unaufdringlich. Der ehrenamtliche Gemeindeleiter lud mich ein zu predigen, eine Einladung, der ich gerne nachkam. In der Predigt hatte ich auch auf eine Passage im Buch Mormon Bezug genommen, was

manche sehr erstaunte. Man erklärte mir, daß das Buch Mormon im Gottesdienst kaum noch verwendet wird, und einige meiner Gesprächspartner zeigten sich wenig damit vertraut.[60]
Eine Sorge, die mir gegenüber immer wieder geäußert wurde, betrifft den Namen der Gemeinschaft. Auf den Weltkonferenzen, die in Independence abgehalten werden, wird regelmäßig um einen neuen Namen gerungen, der die Identität der Gemeinschaft besser beschreibt. Das größte Problem bei der Identitätssuche aber ist, daß die RLDS ständig mit der LDS verwechselt wird, was den Dialog erheblich erschwert. Als während eines katastrophalen Eissturmes in Maine die Stromversorgung in weiten Teilen des Landes vollständig zusammenbrach, öffnete eine der RLDS-Gemeinden die Türen ihres Gemeindehauses für Hilfesuchende, weil es mit einem Notstromaggregat ausgestattet war. Das Radio, das für viele die einzige Verbindung zur Außenwelt darstellte, verbreitete immer wieder die Meldung, daß die ‚Mormonen' ihre Kirche geöffnet hätten – und genauso oft riefen Gemeindeglieder an und korrigierten den Moderator, sie seien keine Mormonen.
Da die Gemeindeleiter ehrenamtlich tätig sind, ist auch die Ausbildung der Prediger sehr unterschiedlich, worüber einige Mitglieder ebenfalls besorgt sind. Ich habe in Deutschland und in den USA Gemeindeglieder kennengelernt, die zur persönlichen Weiterbildung theologische Vorlesungen an der Universität belegten.

---

[60] Zu Sakrament und Gottesdienst: Peter A. Judd, *The Sacraments: An Exploration into Their Meaning and Practice in the RLDS Church*. revidierte Auflage (Independence, Missouri: Herald Publishing House, 1992, copyright 1978). Leonard M. Young, *Communities of Joy: New Experiences in Congregational Living* (Independence, Missouri: Herald Publishing House, 1994).

B. Church of Jesus Christ of Latter-day Saints (LDS)

Die zahlenmäßig größte Gemeinschaft, die aus dem Wirken von Joseph Smith erwachsen ist, ist die Church of Jesus Christ of Latter-day Saints (LDS) mit dem Sitz der Kirchenleitung in Salt Lake City, Utah. Wenn von ‚Mormonen' gesprochen wird, ist meist diese Kirche gemeint.

1. Utah

a) Von Nauvoo nach Salt Lake City
Als Joseph Smith starb, wohnten etwa 20 000 seiner Anhänger in Nauvoo. Viele waren mittellos und erst kurz zuvor aus Europa eingewandert. Brigham Young, Smiths enger Mitarbeiter und Vertrauter, war fest entschlossen, Nauvoo zu verlassen und die Gemeinschaft weiter nach Westen zu führen. Auf der Suche nach finanzieller Unterstützung für den Plan bot er dem neuen US-Präsidenten James Polk an, Häuser und Forts entlang der Reisestrecke zu bauen. Die Bundesregierung könnte die Häuser erwerben, wenn die Gemeinschaft weitergezogen sei, und sie allen Reisenden nach Oregon und Kalifornien zur Verfügung stellen. Der Präsident lehnte das Angebot im Januar 1846 ab.
Es wäre nur allzu verständlich gewesen, wenn man in dieser Situation der Regierung den Rücken zugekehrt hätte. Die Rolle, die der Gouverneur bei der Ermordung Smiths gespielt hatte, war wenig ruhmvoll. Aus Missouri war man mit offizieller Billigung vertrieben worden. Es ist bezeichnend für den Patriotismus, der das Selbstverständnis der LDS bis zum heutigen Tage prägt, daß dies nicht geschah. Statt dessen erwiderte man feierlich:

Unser Patriotismus ist ungebrochen – trotz Feuer und Schwert, trotz der Anschläge, die wir am hellen Tag oder bei Nacht erleiden mußten, – noch haben wir uns von den Institutionen unseres Landes distanziert. Sollte es wegen des Anspruches auf das Gebiet von Oregon zu feindlichen Auseinandersetzungen zwischen der Regierung der Vereinigten Staaten und einem anderen Land kommen, stehen wir zur Verfügung, um die

Forderungen der Regierung der Vereinigten Staaten gegen das andere Land durchzusetzen.[61]

Als die US-Regierung am 12. Mai 1846 Mexiko den Krieg erklärte, stand die Gemeinschaft zu ihrem Wort. Brigham Young benötigte nur drei Tage, um das von der Regierung angeforderte Bataillon von 513 Mann aufzustellen, das als Mormonen-Bataillon in die Geschichte einging. Es marschierte in sechs Monaten 3 300 Kilometer, von Iowa nach San Diego, und setzte ein in der Öffentlichkeit nicht zu übersehendes Zeichen der Loyalität zur amerikanischen Regierung.

Im Februar 1847, wenige Tage, nachdem die Soldaten San Diego erreicht hatten und weniger als drei Jahre nach dem Tod von Joseph Smith, verließen die meisten Gläubigen Nauvoo und brachen unter der Führung von Brigham Young auf. Fünf Monate später, im Juli 1847, nach fast 2 000 Kilometern Fußmarsch, erreichte die Gruppe das Becken des großen Salzsees, das damals mexikanisches Territorium war. Brigham Young übernahm erst jetzt das Amt des Präsidenten und erhob so auch nach außen hin den Anspruch auf die offizielle Nachfolge Joseph Smiths. Salt Lake City wurde gegründet und zum Zentrum der Gemeinschaft erklärt. Man begann auch die angrenzenden Regionen zu erkunden, nach und nach wurden über 300 Siedlungen gegründet.

Doch bereits im Jahr darauf, am 2. Februar 1848, schlossen die Vereinigten Staaten ein Abkommen mit Mexiko, in dem die USA das Gebiet um den großen Salzsee erhielt. Die Hoffnung einiger Mitglieder der Gemeinschaft, außerhalb der Gerichtsbarkeit der Vereinigten Staaten leben zu können, war damit zerschlagen. Ironischerweise war dieser politische Erfolg der Bundesregierung nicht zuletzt auf die militärische Präsenz zurückzuführen, die durch das Mormonen-Bataillon demonstriert worden war.

Wieder verhielt sich die Kirche loyal zur Bundesregierung. Die Heiligen arbeiteten eine Verfassung aus und nannten den neuen Staat „Deseret", ein Ausdruck aus dem Buch Mormon, der

---

[61] *Times and Seasons*, Vol. 6 No. 21, Nauvoo, Illinois, Jan 15, 1846.

,Honigbiene' bezeichnet. Schließlich wurde ein Antrag gestellt, als Bundesstaat in den Staatenbund aufgenommen zu werden. Die von Brigham Young vorgeschlagenen Grenzen reichten von Oregon im Norden bis Mexiko im Süden, von San Diego bis Colorado, ein Gebiet, das heute neun Bundesstaaten umfaßt. Präsident Millard Fillmore kam dem Antrag so weit entgegen, daß er dem Gebiet des heutigen Staates Utah territoriales Recht einräumte und die Wahl des ersten Gouverneurs, Brigham Young, anerkannte. Diese Entwicklung wurde von der Bevölkerung freudig aufgenommen. 1851 wurde der Staat Deseret offiziell aufgelöst, die Hauptstadt der territorialen Regierung von Utah wurde nach dem Präsidenten der Vereinigten Staaten Fillmore genannt. Es sollte aber noch über vier Jahrzehnte dauern, die von heftigen politischen und zum Teil auch militärischen Auseinandersetzungen mit der Bundesregierung geprägt waren, bis Utah 1896 als fünfundvierzigster Staat in den Bund aufgenommen wurde.

b) Brigham Young
Brigham Young, 1801 in Whitingham, Vermont, als neuntes von elf Kindern geboren, war gelernter Zimmermann. Young verband seine idealistische Suche nach den Ursprüngen der Kirche, die er im Neuen Testament beschrieben fand, mit dem für viele Amerikaner so charakteristischen Pragmatismus. Zum ersten Mal mit dem Buch Mormon konfrontiert, reagierte der Achtundzwanzigjährige zunächst skeptisch. Es dauerte fast zwei Jahre, bis er seine Zweifel überwand und der Bewegung mit ganzem Herzen beitrat.
Bevor er den berühmten Treck nach Utah anführte, hatte Brigham bereits zehn Missionsreisen unternommen, die ihn nach Kanada, durch die Staaten der amerikanischen Ostküste und fast zwei Jahre nach Großbritannien führten, wo er 7–8 000 neue Mitglieder warb.
Am bekanntesten ist Brigham Young dadurch geworden, daß er 1847 den Zug der Gläubigen von Nauvoo nach Salt Lake City anführte. In den darauffolgenden Jahren organisierte er den Zuzug

von etwa 70 000 Siedlern in das Gebiet des großen Salzsees, war an der Gründung von 400 Ortschaften beteiligt, entwarf ein System der Landverteilung, das später vom Kongreß anerkannt wurde, diente dem neuen Bundesstaat zwei Amtsperioden lang als Gouverneur, war der erste Superintendent für Indianerangelegenheiten in Utah und leitete dreißig Jahre lang als Präsident die Geschäfte der Kirche.
Am 19. August 1877 starb Brigham Young im Alter von 76 Jahren in Salt Lake City, Utah.

c) Mission in Europa
Nicht nur in den USA wuchs die Mitgliederzahl der Gemeinschaft. Sieben Jahre nach der Gründung, 1837, reisten Heber C. Kimball und Orson Hyde als erste Missionare nach England. Bereits nach sieben Tagen wurden die ersten neun Mitglieder getauft und bildeten damit den ältesten Kirchenbezirk der LDS, der heute noch aktiv ist. Er ist genau ein Jahrzehnt älter als der in Utah gegründete Kirchenbezirk. Joseph Smith unterstützte die missionarischen Bemühungen mit allen ihm zur Verfügung stehenden Mitteln und entsandte seine engsten Mitarbeiter zu diesem Dienst. 1840 unternahm auch Brigham Young seine Missionsreise nach England. Ein Schwerpunkt der Arbeit in England bestand darin, die Publikationen der Kirche zu verbreiten. Das Buch Mormon wurde in einer Anfangsauflage von 5 000 Stück gedruckt, Gesangbücher und Werbeschriften wurden aufgelegt. Die Erstausgabe von Lucy Mack Smiths Lebensbeschreibung ihres Sohnes Joseph erschien nicht in Utah, sondern 1853 in Liverpool, ebenso die unter dem Titel ‚Köstliche Perle' gesammelten Schriften, die heute zum Kanon der LDS gehören.
Die Mission trug reiche Früchte. In den fünfziger Jahren des neunzehnten Jahrhunderts wurden monatlich hunderte von neuen Mitgliedern in England und Wales getauft. Eine Organisation wurde gegründet, die all denen Hilfestellung leistete, die nach Utah auswandern wollten, ein Angebot, das viele der Neubekehrten annahmen. Von den ca. 70 000 Heiligen, die in der zweiten Hälfte des neunzehnten Jahrhunderts in das Gebiet um

den Salzsee auswanderten, kamen etwa 98 Prozent aus Europa, und drei Viertel aller Neuankömmlinge stammten aus Großbritannien.
1849 wurde ein Fonds eingerichtet für neue Einwanderer. Interessenten konnten Kredite aufnehmen, die sie nach ihrer Ankunft zurückbezahlten. Dieser ‚Perpetual Emigration Fund' wurde 1852 auch ausreisewilligen Europäern zugänglich gemacht. Es wird geschätzt, daß bis zur Auflösung dieses Fonds im Jahre 1887 etwa 30 000 Leute von diesem Angebot Gebrauch machten.

d) Zuzug von Einwanderern
Viele der Schiffe legten in New Orleans an, wo die Emigranten dann auf dem Mississippi bis in das Gebiet um Nauvoo reisten. Nachdem Nauvoo aufgegeben worden war, reisten die Einwanderer mit dem Zug bis Iowa City. Von dort aus ging es dann über Land weiter. Um den Emigrationsfonds zu entlasten, suchte man nach billigeren Transportmethoden. Brigham Young machte den Vorschlag, anstatt mit Planwagen und Zugtieren, die letzte Strecke mit Handkarren zu bewältigen, die von den Leuten selbst gezogen wurden. Diese Episode bildet bis heute eine wichtige narrative Tradition der Gläubigen in Utah und hat hohen symbolischen Wert für das Selbstverständnis der Gemeinschaft. Sie sei deshalb kurz erzählt.
In Iowa City wurden die Reisenden mit Handkarren ausgestattet, Schubkarren, die gezogen wurden und etwa 500 Pfund transportieren konnten. Mehrere Reisende teilten sich einen Karren. Ein Erwachsener durfte 17 Pfund, ein Kind 10 Pfund an Wäsche im Wagen deponieren. Zwischen 1856 und 1860 machten sich zehn Wagenzüge auf den über 2 000 Kilometer langen Fußmarsch.
Zweihundertfünfzig der insgesamt 2 962 Emigranten, die mit dem Handkarren nach Utah aufgebrochen waren, kamen auf dem langen Fußmarsch ums Leben. Die meisten davon hatten am vierten und fünften Zug im Jahre 1856 teilgenommen. Unerwartet früh setzten in diesem Herbst die Schneestürme ein und versprengten die 233 Handkarren der 980 meist armen europäi-

schen Auswanderer. Der von Brigham Young ausgesandte Hilfstrupp konnte die Katastrophe nicht mehr abwenden, für 220 Emigranten kam jede Hilfe zu spät.
Dieses Ereignis wird nicht als eine durch Sparmaßnahmen motivierte Fehlentscheidung der Kirchenleitung empfunden, sondern als Ausdruck des ungebrochenen Glaubenseifers.

e) Vielehe
Mit dem Rückzug in das Gebiet des großen Salzsees war der gesellschaftliche Konflikt für die Glaubensgemeinschaft nicht beendet. Experimente mit gemeinschaftlich genutzten Wirtschaftsgütern und die Ausbildung von Kooperativen wurden als Protest gegen die freie Marktwirtschaft empfunden. Die Praxis, immer einstimmig die Partei zu wählen, die von der Kirche anerkannt war, widersprach dem demokratischen Ideal. Nichts aber schadete der LDS mehr als die offene Praxis der Vielehe.
Polygamie, die von 1852 bis 1890 öffentlich vertreten wurde, wurde von 10–20 Prozent der Mitglieder praktiziert. Durch Berichte angestachelt, man wolle aus dem Bund der USA wieder austreten, entsandte die Bundesregierung Soldaten nach Utah. Die militärischen Auseinandersetzungen dauerten von 1857 bis 1858. Es kam nicht zur befürchteten Eskalation, und beide Seiten erlitten nur geringe Verluste. Daraufhin wurde eine Reihe von Bundesgesetzen gegen Polygamie erlassen. Die Kirchenleitung zog sich schließlich zurück und führte die Gemeinschaft jahrelang aus dem Untergrund. Die Regierung begann daraufhin, Kircheneigentum zu konfiszieren. Nach langem Zögern gab die Kirchenleitung schließlich ihren Widerstand auf. LDS-Präsident Wilford Woodruff (1807–1898) verbot 1890 offiziell die Vielehe.
Obwohl die Praxis, mehrere Frauen zu heiraten, bis heute in fundamentalistischen Splittergruppen weiterlebt, hat sich die Kirchenleitung konsequent dagegen ausgesprochen und droht uneinsichtigen Mitgliedern mit dem Kirchenausschluß.
Der entsprechende Beschluß ist in den LDS-Ausgaben der Lehre und Bündnisse abgedruckt.

2. Die heutige Kirche
a) Allgemeines
In der gegenwärtigen religiösen Landschaft der USA werden die Mormonen häufig als konservative christliche Gemeinschaft empfunden. Gerne werden sie von der Öffentlichkeit in einen Topf mit protestantischen Fundamentalisten geworfen. Die dogmatischen Unterschiede zu konservativen Protestanten sind allerdings gewichtig. Der Gottesbegriff, das Kirchenverständnis und die Heilslehre lassen sich wohl kaum vereinbaren. Betrachtet man allerdings die ethische Grundeinstellung, so decken sich die Werte vor allem im sozialen Bereich weitgehend.

In bezug auf Ökumene verhält sich die Gemeinschaft skeptisch, gelegentlich auch ablehnend. Abtreibung und Empfängnisverhütung wird von den meisten abgelehnt, Frauen werden nicht zur Priesterweihe zugelassen.

Auf dem Hintergrund der Experimentierfreudigkeit in sozialen und wirtschaftlichen Fragen der Anfangszeit wirkt die gegenwärtige konservative Richtung widersprüchlich. In der praktischen Lebensführung sind die Gläubigen allerdings oft flexibler und pragmatischer als ihr Ruf. Die Geburtenrate ist immer noch höher als der amerikanische Durchschnitt, liegt aber deutlich niedriger als früher, und ethische Entscheidungen bezüglich Empfängnisverhütung werden mehr und mehr dem Gewissen der einzelnen Mitglieder überlassen. Scheidung wird zwar grundsätzlich abgelehnt, ist aber nicht verboten. Die Scheidungsraten entsprechen in etwa dem nationalen Durchschnitt.

Lange Zeit weigerte sich die Glaubensgemeinschaft, Schwarze zum Priesteramt zuzulassen. Im Gegensatz dazu wurde jeder männliche Mormone, gegen den nichts Nachteiliges vorliegt, als Priester geweiht, wenn er das sechszehnte Lebensjahr erreicht. Diese Praxis wurde 1978 geändert, als die Kirchenleitung beschloß, künftig die Priesterweihe ohne Rücksicht auf Rasse und Hautfarbe zu erteilen.

Die Rolle der Frauen wird innerhalb der LDS gegenwärtig wieder kontrovers diskutiert. Obwohl Frauen sehr dazu ermutigt werden und auch viele Möglichkeiten haben, sich am Gemeindeleben aktiv zu beteiligen, sich persönlich zu entfalten und eine höhere Bildung anzustreben, dürfen sie in der hierarchisch strukturierten Kirchenleitung kein Amt übernehmen.

Die Mormonen sind in ihrer ungewöhnlichen Kombination aus an der Bibel orientiertem Christentum, amerikanischem Pragmatismus, endzeitlichen Erwartungen, wirtschaftlicher Experimentierfreudigkeit, politischem Konservativismus, evangelikalem Eifer und internationalem Engagement immer noch eine dynamische, in manchen Ländern schnell wachsende religiöse Bewegung, die, wie in der Anfangszeit der Bewegung, in Spannung lebt mit der sie umgebenden Kultur.

b) Selbstverständnis

Die LDS versteht sich als christliche Kirche. Die Grundüberzeugung, die zur Entstehung der Bewegung führte, war die Annahme, daß sich das Christentum mehr und mehr von seinen Wurzeln entfernt hatte und eine Erneuerung dringend nötig war. Die notwendigen Veränderungen erforderten allerdings neue göttliche Offenbarungen, um die christliche Wahrheit in ihrer reinen und unverfälschten Form wiederherzustellen und die göttliche, priesterliche Autorität der Urapostel wieder einzusetzen. Die Bewegung ist in ihrem Selbstverständnis beides, christlich und reformatorisch im Sinne der Wiederherstellung der anfänglichen Verhältnisse.

c) Die Kirchenstruktur

Die hierarchische Kirchenstruktur gründet sich nicht auf vollamtliche Mitarbeiter, sondern auf Laien. Einen Pfarrer im üblichen Sinne gibt es nicht. Die Ämter in den Einzelgemeinden (*wards*) werden von Laien ausgefüllt und wechseln nach dem Rotationsprinzip. Der Bischof, der mit zwei Ratgebern den Vorsitz einer Gemeinde innehat und mit großer Autorität ausübt, übernimmt das Amt gewöhnlich für einen Zeitraum von fünf Jahren. Da eine typische Gemeinde etwa 200 ehrenamtliche Stellen für kirchliche Mitarbeiter zu füllen hat, ist der aktive Einsatz praktizierender Mormonen sehr hoch. Die meisten

Mitglieder nehmen die Möglichkeit auch wahr und erteilen Unterricht, predigen, leisten soziale humanitäre Dienste, übernehmen Kommissionsarbeit und engagieren sich in sozialen Projekten.
Mehrere Einzelgemeinden (*wards*) sind zu einem Pfahl (*stake*) zusammengefaßt, der wiederum von einem Präsidenten und zwei Ratgebern geleitet wird, die von einem zwölf Männer umfassenden Rat (*high council*) in ihrer Arbeit unterstützt werden. Die Pfähle wiederum werden zu Regionen (*areas*) zusammengefaßt, deren Präsidenten über die ganze Welt verteilt ihrer Aufgabe nachkommen, vollzeitlich angestellt sind und den Rat der Siebzig (*the Seventy*) bilden. Der Rat der Siebzig bestimmt den Rat der Zwölf Apostel (*Quorum of the Twelve Apostles*). Das dienstälteste Mitglied des Rates der Zwölf Apostel wird automatisch Präsident der Kirche (*President of the Church*), wenn der amtierende Präsident durch Tod ausscheidet. Der Kirchenpräsident hat auch das oberste Prophetenamt inne. Ihm sind zwei Ratgeber beigegeben, diese drei Männer bilden das oberste Gremium der Kirchenleitung, die sogenannte Erste Präsidentschaft (*First Presidency*).

d) LDS in Deutschland: Kirche Jesu Christi der Heiligen der Letzten Tage

Die erste erfolgreiche Mission fand in Hamburg statt, wo sich 1851 zwei Deutsche taufen ließen. Mehrere tausend Bekehrte wanderten in den folgenden Jahrzehnten nach Utah aus, so daß um die Jahrhundertwende nur etwa 1200 Mitglieder der Glaubensgemeinschaft in Deutschland lebten. Während des Dritten Reiches wurden viele der Missionare von der Kirchenleitung aus Deutschland zurückgezogen. Im Gegensatz zur *Christian Science* oder den Zeugen Jehovas wurde die LDS in der DDR nicht verboten, konnte sich aber auch nicht frei entfalten. 1985 kam es in Freiberg, Sachsen, zur Gründung eines kleinen Tempels. Ein weiterer Tempel steht seit 1987 in Friedrichsdorf bei Frankfurt am Main.[62]

[62] Hauth, *Mormonen*, 66–70.

Die LDS zählt heute in Deutschland 36 000 Mitglieder in 176 Gemeinden. Missionszentren befinden sich in Berlin, Düsseldorf, Frankfurt, Hamburg, Leipzig und München. Die Mitgliederzahl stagniert.

e) LDS in Österreich
Im Jahre 1870 wurde der erste Österreicher, Joseph A. Oheim, in München getauft. Ihm folgte 1883 Paul Haslinger, der in Lambach in Oberösterreich in die LDS aufgenommen wurde. 1889 wurde eine Gemeinde in Reichenberg (Nordböhmen) gegründet, 1901 in Haag am Hausruck und 1909 die erste Gemeinde in Wien.
Zu Beginn des Zweiten Weltkrieges wurden die in Österreich wirkenden Missionare in ihre Heimatländer zurückgerufen, und viele Mitglieder wanderten in die USA aus. Am 27. September 1955 wurde die Kirche als „Kirche Jesu Christi der Heiligen der Letzten Tage (Mormonen)" von der Republik Österreich als Religionsgesellschaft gesetzlich anerkannt. Die deutsche Kurzbezeichnung HLT, die dem englischen LDS entspricht, findet bei der Angabe der Religionszugehörigkeit in Schulzeugnissen und offiziellen Formularen Verwendung. Die Gemeinschaft hat heute etwa 4 000 Mitglieder. Das Seminar- und Institutsprogramm ist als offizieller Religionsunterricht anerkannt.
Die Wiener Mission hat sich seit 1980 vor allem durch ihre humanitäre Hilfe in vielen Ländern Osteuropas und im vom Krieg erschütterten Gebiet des ehemaligen Jugoslawien verdient gemacht.

f) LDS in der Schweiz
Die Missionsarbeit in der Schweiz begann 1850 mit Thomas B. H. Stenhouse, der in Genf wirkte. 1864 erkannte der Schweizer Bundesrat die LDS als christliche Gemeinschaft offiziell an. Bis zur Jahrhundertwende wanderten etwa 1 500 Mitglieder in die USA aus. Die Orte Santa Clara, Midway und Providence in Utah, Bern und Geneve in Idaho sind von Schweizern gegründet worden. Ihren Lebensunterhalt bestritten die Einwanderer vor

allem aus der Milch- und Käseproduktion sowie Obst- und Weinbau.
Heute existieren 40 schweizerische Kirchgemeinden mit circa 6 700 Mitgliedern, die sich in 22 eigenen und 14 angemieteten Versammlungräumen regelmäßig zum Gottesdienst versammeln. Im Jahr 1961 wurde der Pfahl Zürich als erster Pfahl in der Schweiz gegründet. Ein Pfahl in der Schweiz umfaßt etwa 10 bis 15 Kirchgemeinden und 2 000 bis 2 500 Mitglieder. Im Jahre 1981 folgte die Gründung des Pfahles Bern und 1982 die des Pfahles Genf.
Im Jahr 1955 wurde der Schweizer Tempel in Zollikofen als erster Tempel in Europa eingeweiht.

g) Verschiedenes
Nach Abschluß der Schulausbildung werden vor allem die jungen Männer ermutigt, als *Missionare* zu arbeiten, aber auch Frauen, die diesen Dienst übernehmen wollen, werden ausgesandt. Die jungen Leute werden von der Kirche finanziell nicht unterstützt, sie finanzieren die Missionszeit durch eigene Mittel. Die Männer, tadellos gekleidet, mit einem Namensschildchen auf der Anzugjacke, gehen in der Regel zu zweit von Haus zu Haus und versuchen, ins Gespräch zu kommen. Laut Auskunft der Medienstelle der LDS in Salt Lake City sind gegenwärtig etwa 50 000 Missionare weltweit im Einsatz, 75 % davon sind Männer im Alter zwischen 19 und 26 Jahren, 18 % junge Frauen und 7 % ältere Ehepaare. Die Männer verpflichten sich für zwei Jahre, alle anderen für 18 Monate.
Der *Gottesdienst* ist einfach und schmucklos. Neben Liedern, Gebeten und meist formlosen Ansprachen von Gemeindegliedern wird das Abendmahl mit Brot und Wasser gefeiert. Vor und nach dem Hauptgottesdienst trifft man sich in kleineren Gruppen, meist nach Geschlecht und Alter getrennt, zum weiteren Austausch und zum Unterricht.
Die LDS betreibt eine Reihe von sozialen Hilfsprogrammen, ist Musikliebhabern durch den ‚Mormon Tabernacle Choir' bekannt

und unterhält eine Universität, die Brigham Young University in Provo, Utah, mit etwa 25 000 Studenten.
Nach Jahrzehnten intensiver Auseinandersetzung mit der RLDS gegen Ende des 19. Jahrhunderts ist das Verhältnis heute meist entspannt und unpolemisch. Viele Gemeindeglieder wissen oft nicht einmal, daß die RLDS existiert.

3. Tempelrituale und Gottesbild
Für die Mitglieder der LDS sind der Tempelbesuch und die Teilnahme an bestimmten Tempelritualen von großer Bedeutung. Während der wöchentliche Gottesdienst öffentlich abgehalten wird, wird Außenstehenden der Zugang zum Tempel und die Teilnahme an den heiligen Handlungen im Tempel verwehrt. Die Rituale selbst werden geheimgehalten. Auch Mitglieder der Gemeinschaft erfahren Einzelheiten erst nach dem Betreten des Tempels, gedruckte Informationen gibt es auch für sie nicht. Diese Rituale sind heilsnotwendig und können auch stellvertretend für andere vollzogen werden.

Die Notwendigkeit des Tempelkultes wird direkt aus dem Alten Testament abgeleitet, eine Beziehung zum Tempel in Jerusalem wird ausdrücklich hergestellt. Am 27. 12. 1832 erging an Joseph Smith eine göttliche Offenbarung, die ihn dazu aufforderte, mit dem Tempelbau zu beginnen.[63]

Die Heilslehre geht davon aus, daß sich jeder Mensch geistlich weiterentwickeln, ja sogar den Zustand seines göttlichen Schöpfers erreichen kann. Durch das Sühneopfer Jesu Christi wurden zwar alle Menschen erlöst, und es werden auch alle auferstehen, doch folgt auf die Auferstehung das eigentliche Gericht. Mit dem Tod gelangt der Geist in ein Zwischenreich, in dem zwischen Guten und Bösen geschieden wird (LDS = RLDS LuB 76). Es wird dabei drei Abstufungen geben. Die höchste Stufe, die ‚himmlische Herrlichkeit' (LDS LuB 76,50-70; RLDS 76,5), ist nach Auslegung der LDS den gläubigen Mormonen vorbehalten,

---

[63] LDS LuB 88,117-126 = RLDS 85,36.

die die Tempelrituale vollzogen haben, eine Ansicht, die von der RLDS nicht geteilt wird.

Wer den Tempel betreten will, muß länger als ein Jahr Mitglied der Glaubensgemeinschaft sein, und er oder sie muß ein Empfehlungsschreiben vom zuständigen Bischof vorweisen. Die Empfehlung wird nur ausgestellt, wenn die Kandidaten vor Zeugen eine Reihe standardisierter Fragen zufriedenstellend beantworten. Diese Fragen betreffen sowohl die persönliche Lebensführung als auch die Loyalität zur Glaubensgemeinschaft und die Anerkennung von Glaubenssätzen.

Obwohl sich die LDS darum bemüht hat, die Tempelhandlungen geheimzuhalten, sind Beschreibungen der Rituale mittlerweile gut dokumentiert und der interessierten Öffentlichkeit leicht zugänglich.[64]

Im Tempel selbst wird weiße Tempelkleidung angelegt, die für den Zweck geliehen werden kann. Diese Kleidung ist zu unterscheiden vom eigentlichen Priestergewand, das darunter getragen wird. Die männlichen Kandidaten werden der Obhut eines ehrenamtlichen Führers anvertraut, Frauen werden von Frauen angeleitet.

a) Das „Endowment"

Beim ersten Tempelbesuch empfängt das Mitglied eine zeremonielle, geistliche Segnung. Diese Handlung wird als „Endowment" bezeichnet und entfällt bei künftigen Besuchen. Über die konkrete Praxis dieser Segnung findet sich nur wenig im Buch Mormon und den anderen Offenbarungsschriften. Einzelheiten sind immer wieder abgeändert und an die Möglichkeiten der neuen audiovisuellen Medien angepaßt worden.

Während des Rituals werden die Kandidaten symbolisch gewaschen, gesalbt und neu eingekleidet. Sie erhalten das Priestergewand, das sie von nun an unter ihrer Alltagskleidung tragen werden. Die Kandidaten werden unter Handauflegung gesegnet.

---

[64] Vgl. Rüdiger Hauth, *Die Mormonen: Geheimreligion oder christliche Kirche? Ein Ratgeber* (2. Auflage: Freiburg et al.: Herder, 1995) 87-160.

Jeder erhält einen neuen Namen, der meist den Heiligen Schriften entnommen ist und den Beginn des neuen Lebens symbolisiert. Dieser Name muß geheimgehalten und darf nicht vergessen werden. Nur der Ehemann darf den neuen Namen seiner Frau erfahren. Die religiöse Vorstellung besagt, daß der Ehemann am jüngsten Tage seine Frau mit dem neuen Namen zur Auferstehung rufen wird. Außer dem Namen wird jedem ein bestimmter Händedruck gezeigt, und es werden noch weitere geheime Erkennungszeichen mitgeteilt.
Daraufhin werden die Kandidaten über ethische Grundwerte belehrt, die sich aus den Verordnungen der Evangelien und aus dem Glauben an die göttliche Schöpfung ergeben, wie er in der inspirierten Übersetzung der Genesispassagen von Joseph Smith zum Ausdruck gebracht wird. Es handelt sich dabei im Kernstück um ein Rollenspiel, das die Teilnehmer auf die göttlichen Prüfungen des endzeitlichen Gerichtes vorbereitet. In den Anfangsjahren erfolgten die Belehrungen in Form von Bühnenaufführungen, sogenannte Tempelspiele, heute sind diese durch Filme und Tonbandpräsentationen ersetzt.
Der Höhepunkt des Rituals besteht darin, daß die Kandidaten durch einen Schleier in einen neuen Raum geführt werden, der den Himmel symbolisiert. Um in den neuen Raum zu gelangen, muß der geheime Name dem Wächter am Eingang genannt werden, es wird der geheime Händedruck ausgeführt, und es werden dem Wächter die weiteren Geheimzeichen mitgeteilt. All das dient als Übung und Vorbereitung für das göttliche Endgericht, bei dem nach dem Glauben der LDS dieses Ritual wiederholt werden wird.

b) Freimaurer
Die geheimen Erkennungszeichen und andere Einzelheiten dieses Initiationsrituals haben unübersehbare Parallelen zu Zeremonien, die bei der Aufnahme neuer Mitglieder in Freimaurerlogen durchgeführt werden. Historisch ist die Verbindung zwischen Joseph Smith und dem Gedankengut der Freimaurer leicht festzumachen. 1841 traten mehrere in Nauvoo ansässige Mormonen, die gleichzeitig Freimaurer waren, an den amtierenden

Großmeister von Illinois mit der Bitte heran, eine örtliche Loge eröffnen zu dürfen. Diese Bitte wurde gewährt, der Großmeister eröffnete die Loge am 15.3.1842. Joseph Smith wurde noch am selben Tag als Mitglied aufgenommen und in den ersten Grad erhoben. Bereits am nächsten Tag stieg er in den zweiten und dritten Grad auf, und sechs Wochen später weihte Smith die erste Gruppe in seine Tempelrituale ein.[65]

Es gehört mittlerweile zur Standardpolemik gegen die LDS, auf die Verbindung zu den Freimaurern hinzuweisen. Doch wird dabei eine innere Logik übersehen: Die Intention von Joseph Smith war es, das Christentum in seiner ursprünglichen Form wiederherzustellen. Die LDS sieht in den Tempelritualen die Wiederbelebung von Praktiken, die im Tempel Salomos durchgeführt wurden. In den Augen Smiths hatte die jüdische und kirchliche Tradition die Rituale in Vergessenheit geraten lassen, während die Freimaurer sie über die Jahrtausende hinweg treu bewahrten.

c) Die stellvertretende Taufe für Tote

Jede religiöse Bewegung, die Anspruch auf die Bewahrung der Wahrheit stellt, muß sich fragen, was mit denjenigen geschieht, denen die Botschaft nie verkündigt wurde; besonders dann, wenn der freie Wille des Menschen einen zentralen Glaubensinhalt darstellt. Was geschieht zum Beispiel mit den vielen Gläubigen, die vor dem 19. Jahrhundert lebten? Nach der Vorstellung der Glaubensgemeinschaft sind die körperlosen Seelen dieser Menschen in einem Zwischenreich gefangen (1 Petrus 3,18-20). Für sie gibt es aber die Möglichkeit, in das himmlische Reich zu gelangen, wenn sich ein Lebender für sie im Tempel stellvertretend taufen läßt. Dadurch wird den Seelen die Möglichkeit gegeben, sich zu entscheiden. Es bleibt dabei aber dem Verstorbenen überlassen, ob er das Angebot auch annehmen will.[66]

---

[65] Hauth, *Mormonen*, 128 f.

[66] Textliche Grundlage für das Zwischenreich, das aus 1 Petrus 3,18-20 abgeleitet wird, sind Joseph Smiths Offenbarungen in Nauvoo vom 19.1.1841 = LDS LuB 124,28-36; vom 1.9.1842 = LDS LuB 127,6-10;

Daß es auch im frühen Christentum Gemeinschaften gab, die sich stellvertretend für die Toten taufen ließen, entnehmen die Gläubigen ganz richtig 1 Korinther 15, wo Paulus schreibt:
„Was soll es sonst, daß sich einige für die Toten taufen lassen? Wenn die Toten gar nicht auferstehen, was lassen sie sich dann für sie taufen?" (1 Kor 15,29)
Die Totentaufe wird von Paulus hier nicht angeprangert, sondern dient ihm als Argument, die Auferstehung als zentralen Glaubensinhalt darzustellen. Das Argument greift nur, wenn vorausgesetzt wird, daß weder Paulus noch die Korinther dieser Praxis ablehnend gegenüberstanden. Joseph Smith, der nach Ritualen suchte, die in der ursprünglichen Kirche gepflegt wurden, später aber in der Tradition verlorengingen, war hier fündig geworden.
Die Taufe selbst findet in einem unterirdischen Raum im Tempel statt und wird durch vollständiges Untertauchen vollzogen.
Um zu vermeiden, daß jemand zweimal getauft wird, hat die Glaubensgemeinschaft seit 1894 genealogische Forschungsstellen eingerichtet. Neben der zentralen Datenbank in der Nähe von Salt Lake City steht den meisten Einzelgemeinden auch eine Einrichtung zur Verfügung, die bei der Erstellung des Familienstammbaumes behilflich ist. Nur wenn ein Vorfahre eindeutig identifiziert wurde, gilt eine stellvertretende Taufe als sinnvoll.

d) Siegelung von Ehepartnern und Kindern und die zweite Salbung

Ehepartner, die nach geltendem Recht geheiratet haben, können in einer Zeremonie im Tempel aneinandergesiegelt werden. Damit wird die Ehe auf Ewigkeit geschlossen und bleibt auch nach dem Tod bestehen. Falls Kinder geboren wurden, bevor die Eltern sich im Tempel aneinandersiegeln ließen, können auch die Kinder an

---

vom 6. 9. 1842 = LDS LuB 128. Alle drei Abschnitte wurden von der RLDS auf Beschluß der Weltkonferenz 1970 zunächst aus dem Text genommen und nur noch im Anhang abgedruckt. Laut Beschluß desselben Gremiums wurden die Abschnitte 1990 gänzlich aus der Druckausgabe entfernt.

die Eltern gesiegelt werden. Diese Handlung kann wie die Totentaufe ebenfalls stellvertretend für Verstorbene vollzogen werden.
Der Vollständigkeit halber sei noch kurz auf das Ritual der zweiten Salbung hingewiesen, das kaum noch durchgeführt wird. Es handelt sich dabei um eine Art Seligsprechen zu Lebzeiten; Christus selbst gibt darin der betreffenden Person die Zusicherung des ewigen Lebens. Zum ersten Mal wurde diese heilige Handlung am 28. 9. 1843 an Joseph Smith vollzogen.

e) Gottesbild
Theologisch stellt das andersartige Gottesbild der LDS sicherlich eine große Hürde für eine dialogische Auseinandersetzung dar. Gott wird als ein Mensch verstanden, der in Vorzeit starb und auferstand. Und auch wenn nur ein Gott für diese Welt angenommen wird, so wird doch gleichzeitig davon ausgegangen, daß andere Welten andere Götter haben. Jeder Mensch kann Gott gleich werden, wenn er oder sie die göttlichen Gebote einhält, so wie sie von der Kirche ausgelegt werden. Jesus wird als natürlich gezeugter Sohn von Gott und einer himmlischen Mutter betrachtet. Auch der Heilige Geist ist eine natürliche Person, aber ohne Körper. Soweit mir bekannt, ist keine Glaubensgemeinschaft der LDS in ihrem Gottesbild gefolgt.[67]
Die größte Schwierigkeit für eine Auseinandersetzung mit der Gottesvorstellung der LDS ist die unsystematische Darstellung. Es gibt keine klar vorweisbare Grundlage in den von der Gemeinschaft kanonisierten Schriften. Die Kirchenleitung weigert sich strikt, eine der zahlreichen dogmatischen Darstellungen zu bevorzugen. Mir gegenüber wurde der gegenwärtige Kirchenpräsident Hinckley zitiert, der auf die Frage, ob er glaube, daß Gott

---

[67] Francis Beckwith; Stephen E. Parrish. *The Mormon Concept of God: A Philosophical Analysis* (Lewiston, NY: E. Mellen Press, 1991). Steven L. Shields, *Latter Day Saint Beliefs: A Comparison Between the RLDS Church and the LDS Church* (Independence, Missouri: Herald Publishing House, 1986).

Vater einmal Mensch gewesen sei, antwortete: „Ich weiß nicht, daß das Lehre der Kirche ist."

Da deutsche Theologen im trinitarischen Denken geschult sind, ist es nicht leicht, im Gespräch mit Mitgliedern der LDS eine gemeinsame Begrifflichkeit zu finden. Dazu kommt, daß durch das Fehlen von vollberuflichen Gemeindeleitern auch die Notwendigkeit einer theologischen Bildung nicht gesehen wird. Der Schwerpunkt der Glaubensausübung liegt in der ethischen Praxis und nicht in der dogmatischen Reflexion. All das erschwert das Gespräch über dogmatische Inhalte sehr.

Daß das Gottesbild der LDS nicht zwingend aus Joseph Smiths Leben und Werk abgeleitet werden muß, beweist die RLDS. Gott gilt nach den Vorstellungen der RLDS für nicht definierbar. Gott ist eins, ewig, allmächtig, unveränderlich. Jesus Christus bildet den zentralen Mittelpunkt des Glaubens, er ist Gott und Mensch gleichzeitig. Der Heilige Geist wird als erfahrbare Gegenwart des Vaters und des Sohnes begriffen.

4. Begegnungen

Um zu verstehen, wie Mitglieder der LDS ihre Kirche erleben, habe ich jede Gelegenheit wahrgenommen, um mit Leuten zu sprechen, die weder Missionare waren noch ein höheres Amt in der Gemeinschaft belegten. Ich habe auch immer wieder Studenten in meinen Lehrveranstaltungen gehabt, die Mitglieder der LDS waren, und das Gespräch mit ihnen gesucht.

Im folgenden möchte ich am Beispiel eines Interviews mit einer Studentin der Religionswissenschaft, die ich Jane nennen werde, darstellen, was ich als charakteristisch für LDS-Mitglieder empfunden habe, die in Utah aufgewachsen sind.

a) Ein Interview

In Salt Lake City geboren und aufgewachsen, gewann Jane aufgrund hervorragender akademischer Leistungen ein Stipendium an der Yale Universität und zog an die Ostküste Amerikas. Für die junge Frau war es das erste Mal, daß sie die heimische Kultur verließ. Ihre Eltern, treue Miglieder der LDS, waren vor ihrer

Geburt von Kalifornien nach Utah gezogen, um sich den Traum, im gelobten Land zu leben, zu erfüllen.
Thema: Religionsunterricht in der Schule. – Er ist fest institutionalisiert. Auch wenn die Teilnahme daran selbstverständlich freiwillig ist, bestehen Eltern, die in der Gemeinde aktiv mitarbeiten, darauf, daß ihre Kinder daran teilnehmen. Um die Trennung zwischen Staat und Kirche zu gewährleisten, die von der amerikanischen Verfassung vorgeschrieben ist und von der LDS sorgfältig beachtet wird, findet der Unterricht nicht im Schulhaus statt, sondern in schulnahen Gebäuden, die von der Kirche erworben wurden. Damit ist es möglich, den Unterricht auch in Leerstunden durchzuführen.
Wie empfindet sie ihre Kindheit? Fühlte sie sich durch religiös motivierte Regeln und Verhaltensanweisungen beengt? – Man muß wohl unterscheiden zwischen dem, was die Kirche empfiehlt, und dem, was die Eltern erlauben. Offiziell empfiehlt die Kirche, daß die Eltern ihren Kindern nicht erlauben sollen, alleine mit einem Freund oder einer Freundin auszugehen, bevor sie 16 sind. Im jüngeren Alter sollten solche Treffen nur in der Gruppe erfolgen. Filme, die nicht jugendfrei sind, sollen auch Erwachsene nicht sehen. Kaffee trinken ist unerwünscht, statt dessen ißt man Eis. Nein, sie hat sich nicht eingeschränkt gefühlt.
Meine Tätigkeit in den USA hat mich immer wieder mit evangelikalen Christen zusammengeführt, die auf den ungeheuren moralischen Druck ihrer Kirchen mit der Bereitschaft reagieren, ein Doppelleben zu führen. So werden Alkohol und Kaffee im Gottesdienst verteufelt, zu Hause aber dann doch getrunken. – Jane war felsenfest davon überzeugt, daß solches Verhalten für Mitglieder der LDS nicht typisch sei. Wer im Gottesdienst bekennt, daß er nicht raucht und auf Alkohol und Kaffee verzichtet, lebt die Überzeugung auch zu Hause.
Thema: Kirchliche Feiertage. – Ein Kirchenjahr im Sinne anderer Konfessionen gibt es nicht. *Weihnachten* ist ein gutes Beispiel. Weihnachten wird gefeiert. Aber nur, wenn der 25. Dezember auf einen Sonntag fällt, findet auch ein Gottesdienst statt, der meist kürzer als gewöhnlich ausfällt, damit alle nach Hause gehen und in

der Familie feiern können. Die Adventszeit wird nicht besonders beachtet. Die familiäre Weihnachtsfeier sieht so aus wie auch sonst in amerikanischen Familien, ein großes Essen und Geschenke für alle.

In Utah wird der Nationalfeiertag am *4. Juli* als einer der wichtigsten Feiertage der Glaubensgemeinschaft begangen. Mehrere Wochen vorher schon wird von Gemeindegliedern im Rahmen des Gottesdienstes auf die Bedeutung hingewiesen. Die Gemeinde wird oft besser auf den Nationalfeiertag vorbereitet als auf das Weihnachtsfest. Unumstößlich wird an dem Recht auf freie Meinungsäußerung und freie Religionsausübung festgehalten. Beides wird als Voraussetzung für die weltweite Verkündigung des Evangeliums empfunden, die die Endzeit einleiten wird. Die Hochschätzung der Vereinigten Staaten von Amerika hängt mit der Vorstellung zusammen, daß Amerika das verheißene Land ist, das Gott für die Gemeinschaft erwählt hat. Die Nationalhymne und andere patriotische Lieder sind im Gesangbuch aufgenommen. Als Kind haben sie die nationalistischen Untertöne nicht gestört, doch mittlerweile empfindet sie sie als irritierend. Eine Freundin aus Kanada hatte sich einmal strikt geweigert, im Gottesdienst die US-Nationalhymne mitzusingen, das hätte sie zum Nachdenken gebracht.

Auch der *24. Juli* ist ein wichtiger und allgemein beachteter Feiertag. Es ist der Tag, an dem der erste Zug der LDS unter der Führung von Brigham Young in Utah eingetroffen ist, der sogenannte ‚Pioneer Day'. Man erinnert sich an die Vorfahren und an die Strapazen, die die Pioniere erleiden mußten, um ihren Nachkommen ein besseres Leben zu ermöglichen. Manche Leute ziehen sich Kleider der Epoche an und lassen die Zeit spielerisch wiederaufleben. Die Parade in Salt Lake City wird im Fernsehen übertragen. Zum 150jährigen Jubiläum hat man 1997 sogar den ganzen Treck von Illinois bis Salt Lake City nachgestellt.

Ostern. Die Gemeinden feiern das Osterfest, die Passionszeit wird nicht besonders beachtet. Es hat vielleicht damit zu tun, daß sich die Gemeinschaft vom allgemeinen Christentum abgrenzen möchte. Einige Gemeinden sind deshalb zögerlich, das allgemein sehr beachtete Osterfest groß zu feiern. Eine Freundin aus Südamerika hat ihr geschrieben, daß sich die örtliche Gemeinde entschieden hat, Ostern ganz bescheiden zu feiern, weil die katholischen Christen um sie herum so viel Aufhebens um dieses Fest machen. Sie wollen sich dadurch von den Katholiken abgrenzen. Es gibt keine Passionswoche, keinen Karfreitag. Jane vermutete, es hinge vielleicht damit zusammen, daß die LDS das Kreuz als Symbol nicht verwendet, man möchte die Auferstehung Christi und nicht den Tod Jesu in den Mittelpunkt stellen. Es gibt sicherlich viele Gemeindeglieder in Utah, denen nicht einmal die Bezeichnung ‚Karfreitag' geläufig ist.

Pfingsten. Das Pfingstfest wird in keiner Weise gefeiert. Viele ihrer Freunde kennen wahrscheinlich nicht einmal den Ausdruck „Pfingsten".

Welche Bedeutung hat Maria für das Gemeindeleben? – Zu Weihnachten wird über sie gesprochen. Sonst spielt sie keine Rolle. Marienverehrung wird als katholisch empfunden, davon distanzieren sich die Mormonen bewußt.

Gibt es negative persönliche Erlebnisse, für die sie die LDS verantwortlich macht? – Nichts Bestimmtes. Der Mutter fiel es schwer anzunehmen, daß ihre Tochter nicht dem üblichen weiblichen Rollenbild entsprechen wollte. Einen selbständigen Beruf auszuüben sei ein Ziel, das für Frauen von der Kirche nicht unterstützt wird. Das gab Anlaß zu Spannungen. Die Mutter zeigte sich sehr von den Plänen der Tochter enttäuscht. Es ging dabei nicht so sehr darum, daß sie die Lebensentscheidungen ihrer Mutter in Frage stellte, sie übertrat vielmehr eines der Gebote Gottes. Frauen sollten sich um Haus, Herd und die Kinder kümmern.

Das erste Gespräch zwischen Mutter und Tochter über dieses Thema fand in der Küche statt, als sie ungefähr fünfzehn war. Es war die Mutter, die davon begann und ihren Unmut aussprach. Die beiden haben dann lange nicht mehr darüber geredet. Als sie etwa zwanzig Jahre alt war und bereits ein Jahr an der Universität studierte, erhielt sie einen kirchlichen Segen, der besagte, daß sie geduldig sein sollte und erst später im Leben heiraten würde. Der

Wortlaut dieses Segens beruhigte die Mutter und tröstete sie mehr als jede andere Geste. Sie sah die Situation der Tochter nun als Erfüllung eines Gebotes Gottes, auf den Zeitpunkt zu warten, an dem sie eine Familie gründen würde.

Wie hat der Vater reagiert? – Der Vater sei emotional nicht so stark mit der Kirche verbunden wie die Mutter. Er war sehr stolz auf alles, was die Tochter erreicht hat. Er selbst hat keine höhere Schulausbildung und hat in seinem Leben nicht viel vorzuzeigen, außer eben den akademischen Leistungen der Tochter und den sportlichen Leistungen des Sohnes. Wenn es zu Auseinandersetzungen kam zwischen der Mutter und den Kindern, war es oft der Vater, der es verstand, den Streit zu schlichten.

Gab es noch andere Spannungen, die auf die Religion zurückzuführen sind? – Der andere große Konflikt entstand, als ihre Schwester jemanden heiraten wollte, der kein aktives Mitglied der LDS mehr war. Das ist ein fast unlösbares Problem. Die Heirat hat die Familie sehr belastet. Es hat ungefähr ein Jahr gedauert, bis man wieder miteinander gesprochen hat. Es kam dann aber zu einer Aussprache, bei der die Familienglieder gegenseitig zurücknahmen, was sie Böses übereinander gesagt hatten, und sich vergaben. Die Schwester geht seit der Heirat nicht mehr zum Gottesdienst. Die Vorstellung, daß ihre beiden Enkel nicht im rechten Glauben aufwachsen, ist eine der großen Sorgen der Mutter. Nächstes Jahr wird der älteste Neffe acht Jahre alt, das Alter, in dem er nach dem Brauch der LDS getauft werden sollte.

Wie wirkt sich das Studium der Religionswissenschaft auf den Glauben aus? – Sie war in einer religiösen Welt aufgewachsen, die darauf bestand, die Struktur der Urkirche wiederherzustellen. Das war sicherlich der Grund und die Motivation dafür gewesen, die erste Vorlesung über Alte Kirche zu belegen. Sie ist jetzt vor allem am Aspekt der Macht interessiert, die Religion auf Menschen ausübt, und an den Strukturen, durch die Religion das Denken bestimmt.

Welches sind die größten theologischen Schwierigkeiten? – Abtreibung, Homosexualität, die Rolle der Frau, das sind alles große Probleme, die diskutiert werden. Die meisten Mitglieder der

LDS sind wohl auf dem äußerst konservativen Flügel anzusiedeln, es gibt aber auch liberaler eingestellte Mitglieder. Der Grund, warum man sich so schwertut, Homosexualität zu tolerieren, liegt wohl darin, daß man im Leben nach dem Tod mit der Familie zusammenleben wird, mit Vater und Mutter und Kindern. Man kann sich den Himmel nicht mit Schwulen vorstellen.

Was trennt die LDS von anderen christlichen Gemeinschaften in den USA? – Was die LDS von anderen christlichen Kirchen trennt, ist zunächst das Buch Mormon und die anderen Schriften, die gleichwertig mit der christlichen Bibel behandelt werden. Zweitens der Prophet, der der Kirche Anweisungen gibt, die wichtiger sind als die Bibel oder das Buch Mormon. Und drittens der Gottesbegriff.

Was ist das Besondere am Gottesbegriff der LDS? – Die Vorstellung von Gott unterscheidet sich stark von dem, was viele andere christliche Gemeinschaften vertreten. Es handelt sich nicht um ein trinitarisches Gottesbild. Man versucht an der Einheit der Gottheit festzuhalten, es handelt sich aber um drei selbständige Personen mit eigenen Körpern, völlig voneinander getrennt. Es gibt auch eine himmlische Mutter irgendwo in der Gottheit, aber man redet nicht gerne darüber.

Welche Bedeutung haben die geheimen Tempelrituale? – Was man außerhalb der Gemeinschaft über die Rituale zu sagen hat, weiß sie nicht, aber die LDS glaubt fest daran, daß Gott sie durch den Propheten einsetzen ließ. Sie selbst hat keine der Zeremonien erlebt. Alle Mitglieder müssen wenigstens das „Endowment" über sich ergehen lassen, bevor sie heiraten oder als Missionare ausgesandt werden. Aus diesem Grund empfangen es die meisten Männer, wenn sie etwa 19 Jahre alt sind. Bei Frauen ist das Alter flexibler. Heirat ist auch ein Tempelritual. Man erwartet, daß man dieselbe Tempelzeremonie später wiederholt, diesmal für Menschen, die bereits verstorben sind. Nach dem ersten Mal – es gibt wohl keine Einschränkung der Häufigkeit – macht man es stellvertretend für Verstorbene.

b) Adam-ondi-Ahman, Salt Lake City, Hügel Cumorah, Independence

Begonnen hat mein Interesse an der Geschichte der Mormonen an einem eher unscheinbaren Platz, etwa 100 Kilometer nördlich von Kansas City in der Nähe des Ortes Gallatin im Bundesstaat Missouri, als meine Frau Schilder neben dem Highway entdeckte, die auf ein Mormonenheiligtum hinwiesen. *Adam-ondi-Ahman*, so stellte sich heraus, war ein Platz, den Joseph Smith 1838 durch göttliche Offenbarung als den Ort identifizierte, an dem Adam wohnte, nachdem er aus dem Paradies vertrieben worden war. Der Garten Eden selbst lag ganz in der Nähe, in Jackson County, Missouri. Adam errichtete einen Altar, dessen Reste Smith Jahrtausende später entdeckte, der heute, 150 Jahre danach, aber vollständig verwittert ist. Hier war es auch, daß Adam seine Nachkommen versammelte und segnete, bevor er starb. Adam-ondi-Ahman ist überdies der Ort, an dem sich Jesus bei seiner Wiederkunft mit Adam und den Heiligen treffen wird, so wie es im Buch Daniel beschrieben ist (Daniel 7,9-14.21-27; 12,1-3). Auch Jahre später verfehlt dieser Mythos seine Wirkung auf mich nicht; ein Mythos, der für mich das Widersprüchliche der Frühzeit der Bewegung besser einfängt als so manches gelehrte Buch, das ich darüber gelesen habe. Es ist eine Mischung aus naiver Bibelauslegung, persönlichem Gotteserlebnis und historisch widerlegbaren Daten, wie sie mir in meiner Kindheit in Österreich an katholischen Wallfahrtsorten begegnet ist.

Während einer Urlaubsreise besuchten meine Frau und ich auch *Salt Lake City*, eine Stadt, die uns sehr beeindruckt hat. Saubere, breite Straßen und ein gut ausgebautes öffentliches Nahverkehrsnetz überraschten uns und widersprachen unserem sonstigen Eindruck von amerikanischen Großstädten. Das Auto parkt man außerhalb des Zentrums und nimmt dann den Bus, der in der Stadt nichts kostet. All das zeugt von innovativem Geist und ökologischem Bewußtsein. Das LDS-Informationszentrum in der Nähe des Tempels zu besuchen, lohnt in jedem Fall. Vorbildlich durch Medien aufbereitet, wird die Geschichte der Bewegung dargestellt; natürlich fehlt am Ende das persönliche Zeugnis des Führers oder der Führerin nicht. Ganz in der Nähe des Tempels befindet sich auch die Deseret-Verlagsbuchhandlung der LDS, in der ansonsten schwer zugängliche Publikationen darauf warten, gekauft zu werden.

Der *Hügel Cumorah*, in der Nähe von Rochester und Palmyra im Staat New York, weist ebenfalls ein Besucherzentrum auf. Eindrucksvoller als die technisch gut gemachten Präsentationen ist ein Ausflug auf den kleinen Berg Cumorah, auf dem Joseph Smith die goldenen Tafeln des Buches Mormon gefunden hat. Auch ein Haus, das auf dem damaligen Grundbesitz der Familie Smith steht, ist in der Nähe zu besichtigen und gibt einen Eindruck vom Alltagsleben am Anfang des 19. Jahrhunderts.

Independence, Missouri, in unmittelbarer Nähe von Kansas City, ist eine Reise wert. Auf engstem Raum kann man dort die LDS und RLDS studieren. Alleine der futuristisch anmutende Tempel der RLDS mit seiner weltberühmten Orgel ist sehenswert. Die kleine Kirche der Hedrickites (Church of Christ, Temple Lot), die direkt über der Stelle gebaut wurde, an der Joseph Smith 1831 den Grundstein für den Tempel gelegt hat, hat ebenfalls ein Besucherzentrum eingerichtet. Independence ist der Ort, an dem nach dem Glauben der Gemeinschaft Jesus wiederkehren wird.

c) Beteiligung an einer Weltgebetswoche
Während einer Weltgebetswoche trafen sich in Bangor, Maine, interessierte Christen jeden Tag in einer anderen Kirche. Neben den Lutheranern, den Reformierten, den Methodisten, den Katholiken und den Adventisten stellte auch die LDS ihr Kirchengebäude für einen Gottesdienst zur Verfügung. Eine gemeinsame ökumenische Veranstaltung, die für viele in Deutschland noch weit entfernt scheint, wurde hier wie selbstverständlich geplant und durchgeführt.

d) LDS-Gottesdienst
Die Gottesdienste stehen jedem offen. Meine Frau und ich baten die Missionare, die uns regelmäßig besucht hatten, uns beim ersten Mal zu begleiten, was diese natürlich gerne taten. Jeder

Gottesdienst schließt das Abendmahl mit ein, das mit Brot und Wasser gefeiert wird und an dem auch Kinder teilnehmen. Die Ansprachen wurden von verschiedenen Gemeindegliedern vorgetragen und kreisten um die Auslegung eines Schriftzitates oder eines persönlichen Erlebnisses. Die Atmosphäre war entspannt. Einmal im Monat ist der Gottesdienst offen für diejenigen, die Zeugnis ablegen wollen. Es wird von wunderbaren Heilungen berichtet, von der Reise zu einem Tempel, von persönlichen Gotteserfahrungen und Gebetserhörungen. Auch Kinder, manchmal sogar im Vorschulalter, gehen nach vorne und melden sich unbefangen am Mikrofon zu Wort.

e) Missionare

Die jungen Missionare der LDS waren in Deutschland und in den USA regelmäßig bei uns zu Gast. Und stets waren sie überrascht, jemanden zu finden, der sich in ihren eigenen Traditionen auskannte. Tief beeindruckt waren sie, als sie feststellten, daß ich das Buch Mormon gelesen hatte und mich darin gut zurechtfand. Auch unsere Reisen zu den wichtigen Stätten ihrer Glaubensgemeinschaft eröffneten das Gespräch so weit, daß wir sogar gelegentlich Witze austauschten. Einer der deutschen Missionare: „Warum hat Brigham Young die Straßen in Salt Lake City so breit bauen lassen? Antwort: Damit alle seine Frauen neben ihm Platz hatten, wenn er spazierenging."

Vor allem in Heidelberg war die Parallele zwischen den amerikanischen Missionaren und ihren deutschen Altersgenossen, die an der Universität nach dem Zivildienst bei mir in den Seminaren saßen, unübersehbar. Mit ihrer Mischung aus Begeisterungsfähigkeit, religiösem Gemeinschafterlebnis, persönlicher Kompromißlosigkeit und dem hohen moralischen Anspruch erinnerten mich die Missionare an deutsche Studenten, die von einer lebendigen, bibelorientierten Jugendarbeit geprägt waren.

Mein wiederholter Eindruck ist, daß die Missionare auf ihre Aufgabe nicht gut vorbereitet sind. Meine Gesprächspartner in den USA berichteten, daß ihre Ausbildung zwischen zwei und vier

Wochen dauerte. Sie wissen oft nicht genug über ihre eigene Kirche, um auch Schwächen ihrer Gemeinschaft zu erkennen und sich trotzdem damit identifizieren zu können. Die Hausbesuche setzen sie täglich einer Situation aus, in der sie gezwungen sind, vorformulierte Antworten zu wiederholen. Viele Missionare haben während ihrer Tätigkeit kein klares Erfolgserlebnis, Hausbesuche bei fremden Leuten sind keine sehr effektive Art der Mission. Die meisten der jungen Missionare, so erzählte mir ein Kirchenmitglied in Utah, kommen in ihre Heimatgemeinden mit erheblichen Zweifeln und Anfragen zurück.

Man sollte die schwierige persönliche Situation dieser jungen Leute nicht unterschätzen. Für viele ist es das erste Mal, daß sie von zu Hause fort sind. Oft heißt das, daß sie aus einer amerikanischen, ländlichen Kleinstadt in eine deutsche Großstadt versetzt werden. Signale wie nackte Haut auf den Titelblättern deutscher Illustrierten, Bademoden, gemischte Sauna oder legaler Alkoholkonsum von Jugendlichen über sechzehn Jahren erleben viele Amerikaner als moralischen Schock, durch die religiöse Brille wirken diese Eindrücke aber satanisch. Da sich in der Regel zwei junge Männer eine Wohnung teilen, müssen sie auch all die Arbeiten übernehmen, die nach ihrem Rollenbild von Frauen getan werden sollten: Haushalt, Wäsche, Küche. Sie müssen sich nicht nur mit der fremden Sprache und Kultur herumschlagen, sondern auch lernen, auf engem Raum mit einem anderen gleichgeschlechtlichen Partner zusammenzuleben und alles im Rahmen ihres religiösen Weltbildes zu verarbeiten. Ein Missionar formulierte es so: „Es ist eine gute Vorbereitung auf die Ehe."

Worüber kann man sich mit Missionaren unterhalten? Christliche Mission baut oft auf Unzufriedenheit mit der traditionellen religiösen Umgebung, die Missionsarbeit der LDS macht da keine Ausnahme. Die jungen Missionare haben für Kirchenmüde auch ein klares Angebot zu machen: Nicht die Lehre der LDS ist beeindruckend; Missionare in den USA haben sich einmal sogar geweigert, mir den Gottesbegriff zu erläutern, und gaben zu, daß sie ihn selbst nicht verstanden. Nicht die Geschichte der

Bewegung ist beeindruckend, dazu ist sie Deutschen zunächst viel zu fremd. Beeindruckend ist, wie die persönliche Gotteserfahrung des einzelnen ernst genommen wird, daß zum Gebet und zur Lektüre der Heiligen Schriften angeleitet wird, und das lebendige Gemeindeleben. Es ist nicht zu unterschätzen, welchen werbenden Effekt das Fehlen von bezahlten Pfarrern hat. Dazu kommt, daß nach amerikanischem Stil schnell persönliche Kontakte zu anderen Gemeindegliedern hergestellt und Freundschaften geschlossen werden.

Die Missionare sind immer wieder beeindruckt, wenn sie Menschen begegnen, die von ihrem christlichen Glauben überzeugt und fest in ihrer konfessionellen Tradition verwurzelt sind. Es hilft, wenn man über die Geschichte der LDS Bescheid weiß, um Gemeinsamkeiten und Unterschiede klarer formulieren zu können. Doch wird man immer wieder feststellen, wie wenig die Missionare über andere christliche Gemeinschaften wissen. Daß ein Pfarrer in Deutschland Griechisch, Hebräisch und Latein lernen muß, daß es eine wissenschaftliche Disziplin gibt, die das Alte und Neue Testament untersucht, daß Martin Luther und seine Anhänger für ihre Bemühungen zur Reformierung der Kirche politisch verfolgt wurden – all das ist den jungen Leuten oft völlig neu. Und statt abweisend zu reagieren, habe ich immer wieder erlebt, wie sie jede Information mit offenen Herzen und großer Anteilnahme aufnahmen.

Es soll aber nicht übersehen werden, daß die Grundvoraussetzung des religiösen Dialoges darin liegt, wie weit man die Gotteserfahrung des anderen als authentisch anerkennen kann. Das ist immer eine Herausforderung, nicht nur im Gespräch mit Mitgliedern der LDS, sondern auch im Gespräch mit Brüdern und Schwestern der eigenen Konfession.

C. Weitere Konfessionen

1. Church of Christ (Temple Lot)
Im August 1831 segnete Joseph Smith ein Grundstück in

Independence, Missouri, und erklärte, daß darauf der Tempel gebaut werden solle. Im Dezember desselben Jahres wurde der Bauplatz im Namen der Kirche erworben. Doch die Vertreibung aus Missouri in den folgenden Jahren führte schließlich dazu, daß die Heiligen all ihren Besitz verloren, als sie 1838 das Gebiet verließen und nach Nauvoo, Illinois, zogen. 1888 und 1926 errichtete die RLDS auf Teilen des ursprünglichen Tempelgrundstückes kirchliche Gebäude, und 1992 wurde der Tempel eingeweiht. Bereits 1904 erwarb auch die LDS heiligen Boden und baute eine Kirche und ein Besuchszentrum darauf.

Nach den Wirren, die dem Tod des Propheten folgten, und nach dem amerikanischen Sezessionskrieg kaufte 1869 eine kleine Gruppe von Anhängern einen Teil des Tempelgrundstückes. Die Gruppe wird manchmal nach ihrem ersten Leiter, Granville Hedrick, benannt und existiert noch heute. Sie bezeichnen sich selbst als ‚The Church of Christ (Temple Lot)‘, die Ergänzung ‚of Latter Day Saints‘, die auf eine Offenbarung an Joseph Smith vom 26. April 1838 in Far West zurückgeht, lehnen sie ab. 1929 entdeckten die Hedrickites auf ihrem Grundstück den von Joseph Smith gesetzten Grundstein mit der Jahreszahl 1831.

Die Hedrickites halten an den Offenbarungen fest, die Joseph Smith bis zur Gründung der Kirche 1830 erhalten hatte. Allen späteren Entwicklungen steht die Gemeinschaft kritisch gegenüber. Sie wird durch zwölf Apostel geleitet; das Präsidentenamt, mit dem kurzzeitig experimentiert wurde, wird als unbiblisch abgelehnt. Die Bibel und das Buch Mormon bilden die Grundlage, spätere Offenbarungen werden nur angenommen, wenn sie sich mit dem Zeugnis dieser Schriften vereinbaren lassen. Gemeinsam mit der RLDS lehnen sie die Taufe der Toten und die anderen Tempelrituale ab, ebenso Polygamie und das Gottesbild der LDS. Die Gemeinschaft zählt heute etwa 2 400 Mitglieder.

Während eines Besuches in Independence, Missouri, wollten wir auch die Kirche der Hedrickites besuchen. Das Informationszentrum war geschlossen, aber zwei Gemeindeglieder öffneten uns den Versammlungsraum, empfingen uns mit amerikanischer Freundlichkeit und versorgten uns mit Informationsschriften und

Kopien ihrer Kirchenzeitschrift *Zion's Advocate*. Über ihre eigene Geschichte wußten sie nicht viel zu berichten, viel wichtiger war der Jugendgottesdienst, der für den nächsten Tag vorbereitet werden sollte. Es war eine herzliche und intensive Begegnung.

2. *Die Kirche Christi „Die Kirche mit der Elias-Botschaft" – erneut errichtet 1929*

Die einzige andere Konfession neben LDS und RLDS, die nach meinen Recherchen in Deutschland vertreten ist, bezeichnet sich als *Die Kirche Christi „Die Kirche mit der Elias-Botschaft" – erneut errichtet 1929*. Ich habe mit der deutschen Informationsstelle korrespondiert (Postfach 70, D-78667 Villingendorf; oder: Gustav-Adolf-Str. 47, D-22043 Hamburg).

Die Gemeinschaft, die sich – wie Joseph Smith – um die Wiederherstellung der Kirche Christi bemüht, glaubt an eine Reihe von Erscheinungen, in denen Johannes der Täufer einzelnen Mitgliedern endzeitliche Botschaften zukommen ließ, daher der Name „Elias-Botschaft". Der Gründer, Otto Fetting (1871–1933), war zunächst Mitglied der RLDS und wechselte 1925 zur oben erwähnten *Church of Christ (Temple Lot)*. Er empfing von 1927 bis 1933 dreißig Botschaften Johannes des Täufers. 1929 kam es über die Frage, ob neue Mitglieder, die bereits getauft waren, bei der Aufnahme in die Gemeinde nochmals getauft werden müßten, zum Bruch mit der Church of Christ (Temple Lot). Nach dem Tode Fettings war es der Apostel W.A. Draves (1912–1994), dem Johannes der Täufer seit 1937 etwa neunzigmal erschienen war. Sitz der Kirchenleitung ist ebenfalls in Independence, Missouri. Weltweit verfügt die Kirche über etwa 12 000 Mitglieder.

Die kanonisierte Ausgabe des Buches Mormon trägt den Titel *The Record of the Nephites* und folgt der Erstausgabe von 1830. Die heilige Schrift *The Word of the Lord* enthält eine Sammlung von Botschaften, die Otto Fetting und andere nach ihm empfangen haben. *The Book of Commandments* wird in der Ausgabe gelesen, wie sie in der *Church of Christ (Temple Lot)* benutzt wird.[68]

3. Sonstige Gemeinschaften
Insgesamt wird heute die Anzahl kleinerer Gemeinschaften, die sich direkt oder indirekt auf Lehre und Wirken Joseph Smiths beziehen, auf etwa hundert geschätzt. Die meisten davon befinden sich in Utah oder Missouri und werden gelegentlich unter dem Sammelbegriff ‚Restoration Churches' (Wiederherstellungskirchen) geführt. In der folgenden Liste sind einige von ihnen genannt; allerdings habe ich zu keiner dieser Gemeinschaften persönlich Kontakt gehabt.
Aaronic Order: Etwa 20 Gemeindeleiter und sechs Kirchenzentren. Sitz in Murray, Utah.
Apostolic United Bretheren: Ungefähr 7 000 Miglieder. Ablehnung der LDS-Entscheidung, auch Schwarze zu Priestern zu weihen. Sie empfinden die Beteiligung von Frauen im Gemeindeleben der LDS als zu liberal.
Church of Christ (Fetting/Bronson): ungefähr 2 000 Mitglieder.
Church of Jesus Christ (Bickerton): ungefähr 2 700 Mitglieder in USA, weltweit 10 000; Sitz in Pittsburgh, Pennsylvania. Unabhängig von LDS.
United Order Effort: ungefähr 10 000 Mitglieder. Hält an Polygamie fest.

---

[68] Steven L. Shields, *Divergent Paths of the Restoration*, (Bountiful, Utah: Restoration Research, 1982) non vidi.

IV. Ausblick

Wir sind am Ende einer Reise angekommen. Welche Eindrücke bleiben? Die Gemeinden der *Reorganized Church of Jesus Christ of Latter Day Saints* (RLDS, Independence, Missouri) wirken auf mich wie typische amerikanische Gemeinden, die sich einem traditionellen Bekenntnis verpflichtet wissen. Wie etwa Lutheraner, Methodisten, Baptisten, Adventisten auch, kämpft die RLDS mit dem Problem der stagnierenden oder schwindenden Mitgliederzahl und ist auf der Suche nach einer neuen Identität im pluralistischen Bild moderner Religionsausübung.

Wenn ich meinen Eindruck von der *Church of Jesus Christ of Latter-day Saints* (LDS, Salt Lake City, Utah) in einem Satz zusammenfassen müßte, würde ich sagen: es sind die Evangelikalen unter den Mormonen. Sie setzen theologisch den Schwerpunkt auf die persönliche Gotteserfahrung und moralische Lebensführung jedes einzelnen Gemeindegliedes, und sie empfinden einen klaren Missionsauftrag. Auch die Bereitschaft zu gewagten und unkonventionellen systematisch-theologischen Konstruktionen paßt gut in dieses Bild.

Joseph Smith selbst bleibt ein Rätsel. Die literarischen Darstellungen spiegeln nur allzuoft die Persönlichkeit und Überzeugungen derjenigen wider, die ihn beschreiben. Er erscheint abwechselnd als Scharlatan, Häretiker, Lüstling, Puritaner, Freimaurer, Reformer oder Heiliger. Ich bin zu der festen Überzeugung gelangt, daß man Joseph Smiths Offenbarungen – unabhängig von der Bewertung – am besten als subjektive Gotteserfahrungen interpretiert, die im Rahmen religiöser Phänomene so ungewöhnlich auch wieder nicht sind. Wenn Joseph Smith von Erscheinungen oder Stimmen spricht, so hat er tatsächlich gesehen und gehört, wovon er berichtet. Wie alles zusammenpaßt, hat er selbst nicht immer verstanden.

Im Jahr seines Todes fand Joseph Smith folgende Worte über sich: „Ich mache niemandem einen Vorwurf, der mir meine Geschichte nicht glaubt. Hätte ich nicht erlebt, was ich erlebt habe, ich würde sie selbst nicht glauben."[69]

---

[69] Zitiert nach: Brodie, *No Man Knows My History*, vii.

A. Verzeichnis der benutzten Literatur und Ausgaben

„A Hoax: Reminiscences of an Old Kinderhook Mystery", *Journal of the Illinois State Historical Society*, 5 (1912) 271–273.

Aland, Kurt; Barbara Aland, *Der Text des Neuen Testaments: Einführung in die wissenschaftlichen Ausgaben sowie in Theorie und Praxis der modernen Textkritik*, 2., ergänzte und erweiterte Auflage (Stuttgart: Deutsche Bibelgesellschaft, 1989).

Arrington, Leonard J., *Great Basin Kingdom: An Economic History of the Latter-Day Saints, 1830–1900* (Lincoln: University of Nebraska, 1966).

Arrington, Leonard J.; Davis Bitton, *The Mormon Experience: A History of the Latter-day Saints* (New York: Knopf, 1979).
Geschrieben von den Leitern des offiziellen Archivs der LDS in Salt Lake City, erhebt einen hohen historischen Anspruch, zuverlässige Darstellung des Sachverhaltes; LDS-Perspektive.

Backman, Milton V., *Joseph Smith's First Vision: The First Vision in Historical Context* (Salt Lake City: Bookcraft, 1971).

Beckwith, Francis; Stephen E. Parrish. *The Mormon Concept of God: A Philosophical Analysis* (Lewiston, NY: E. Mellen Press, 1991).

Brodie, Fawn M., *No Man Knows My History: The Life Of Joseph Smith* (New York: Knopf, 1945; 1963 7. Nachdruck).
Wichtiges und vielgepriesenes biographisches Werk. Kritische Darstellung Joseph Smiths mit deutlich negativer Bewertung. Eine Fülle von historischen Quellen verarbeitet, die man sonst vergeblich sucht.

Bushman, Richard L., *Joseph Smith And The Beginnings of Mormonism* (Urbana: University of Illinois Press, 1984).
Gute Darstellung der Kindheit, des sozialen und religiösen Hintergrundes. Hoher historischer Anspruch. Sehr empfehlenswert.

Cheesman, Paul R., *An Analysis of the Accounts Relating Joseph Smith's Early Visions* (Provo: Brigham Young University M.A. thesis, 1965) non vidi.

Church of Jesus Christ of Latter-day Saints (Hg.), *Church History in the Fulness of Times: The History of The Church of Jesus Christ of Latter-day Saints*, hg. v. Church Educational System (Salt Lake City, Utah: LDS, 1993, copyright 1989).
Gut aufgemachte, 650 Seiten starke, reich bebilderte und zuverlässige Darstellung der Geschichte der LDS. Wird im kirchlichen Unterricht verwendet und kann über örtliche Gemeinden bestellt werden; nicht im Buchhandel erhältlich.

Die Bibel *nach der Übersetzung Martin Luthers mit Apokryphen* (Stuttgart: Deutsche Bibelgesellschaft, 1985).

Edwards, F. Henry, *What Is the Inspired Version? An Introduction to Joseph Smith's New Translation of the Bible* (Independence, Missouri: Herald Publishing House, 1990).
Siehe auch unten Paul A. Wellington (Hg.).

Edwards, Paul M., *Our Legacy of Faith: A Brief History of the Reorganized Church of Jesus Christ of Latter Day Saints* (Herald Publishing House, 1991).
Einbändige Darstellung der Geschichte der RLDS.

Encyclopedia of Mormonism (siehe Ludlow).

Faulring, Scott H. (Hg.), *An American Prophet's Record: The Diaries and Journals of Joseph Smith* (Salt Lake City: Signature Books, 1989).
Ausgezeichnete Edition der Tagebücher, Mikrofilme der Originale wurden benutzt.

Friedrich, Hans-Martin, *Die gefälschte Offenbarung: Anspruch und Wirklichkeit mormonischer Glaubenslehren. Mit Selbstzeugnissen ehemaliger Mormonen* (Basel, Gießen: Brunnen, 1997).
Evangelikal geprägte Auseinandersetzung mit der LDS. Seelsorgerliche Intention. Ökumenischer Dialog wird strikt abgelehnt.

Hansen, Klaus J., *Mormonism and the American Experience* (Chicago: University of Chicago Press, 1981).
Interessante, gelehrte Auseinandersetzung mit der Haltung der LDS in bezug auf Tod, Rassengleichheit und Sexualität.

Hauth, Rüdiger, *Die Mormonen: Geheimreligion oder christliche Kirche? Ein Ratgeber* (Freiburg: Herder, 2. Auflage 1995).
Ausgezeichnete Darstellung der Tempelrituale, des geschichtlichen Hintergrundes und vieler Einzelheiten der Kirchenorganisation. Der Autor hält einen ökumenischen Dialog mit der LDS aus theologischen Gründen gegenwärtig nicht für möglich.

Hauth, Rüdiger, *Tempelkult und Totentaufe: Die geheimen Rituale der Mormonen* (Gütersloh: Gütersloher Verlagshaus Mohn, 1985).
Neu verarbeitet in obenstehender Monographie *Die Mormonen*.

Howard, Richard P., *The Church Through the Years: RLDS Beginnings, to 1860* (Independence, Missouri: Herald Publishing House, 1992).
Autoritative Darstellung der Geschichte der RLDS.

Hyde, Orson, *Ein Ruf aus der Wüste, eine Stimme aus dem Schoose der Erde: Kurzer Ueberblick des Ursprungs und der Lehre der Kirche „Jesus Christ of Latter Day Saints" in Amerika, gekannt von manchen unter der Benennung: „Die Mormonen."* (Frankfurt: Selbstverlag des Verfassers, 1842) non vidi.
Älteste LDS-Publikation in deutscher Sprache. Orson Hyde arbeitete drei Jahre lang als Missionar in Europa und im Nahen Osten. Text ist zugänglich über das Internet: http://www.mormonen.de.

Jenson, Janet, „Variations Between Copies of the First Edition of the Book of Mormon", *Brigham Young University Studies 13,2* (Winter 1973) 214–222.

Judd, Peter A., *The Sacraments: An Exploration into Their Meaning and Practice in the RLDS Church,* überarbeitete Ausgabe (Independence, Missouri: Herald Publishing House, 1992, copyright 1978).

Kirche Jesu Christi der Heiligen der Letzten Tage (Hg.), *Das Buch Mormon* (Frankfurt am Main, 1980).
Siehe auch Literatureinträge unter *Smith, Joseph, The Book of Mormon, Reorganisierte Kirche* ...). Die erste englische Ausgabe wurde 1830 veröffentlicht. Die von Orson Pratt vorgenommene Einteilung in Kapitel und Verse erschien erstmals in der Ausgabe von 1879. Die erste deutsche Ausgabe, von John Taylor und George P. Dykes aus dem Englischen übersetzt, erschien im Jahre 1852 in Hamburg. Bis 1978 folgten zahlreiche, zum Teil revidierte deutsche Auflagen. Die Ausgabe von 1980 wurde in den Jahren 1974 und 1979 von Immo Luschin aus dem Grundtext neu übersetzt.

Larson, Charles M., *By His Own Hand upon Papyrus: A New Look at the Joseph Smith Papyri* (Grand Rapids, Michigan: Institute of Religious Research, 1992; copyright 1985).

Launius, Roger D., *Father Figure: Joseph Smith III and the Creation of the Reorganized Church* (Independence, Missouri: Herald Publishing House, 1990).

Lawrence, George M., „Report of a Physical Study of the Kinderhook Plate Number 5", *Scientific American* (April 1966) 72–81 (non vidi).

Ludlow Daniel H. (Hg.), *Encyclopedia of Mormonism* (New York: Macmillan, 1992). Ausgezeichnetes Nachschlagewerk, von der LDS herausgegeben. Auch als CD-ROM erhältlich (Infobases, PO Box 1534, Provo, UT 84603).

Madsen, Brigham D., „Reflections on LDS Disbelief in the Book of Mormons As History", *Dialogue* 30,3 (1997) 87–97; 89.

Materialdienst der EZW
Evangelische Zeitschrift mit informativen Artikeln u. a. über die Mormonen.

Matthews, Robert J., „*A Plainer Translation": Joseph Smith's Translation of the Bible. A History and Commentary* (Provo, Utah: Brigham Young University Press, 1975).
Ausführliche wissenschaftliche Untersuchung und gelehrter Kommentar zu Smiths Bibelübersetzung.

Menzel, Michael, „Die ungleichen Geschwister: Reorganisierte Kirche Jesu Christi der Heiligen der letzten Tage, Kirche Jesu Christi der Heiligen der letzten Tage", *Betrachtungen: Mormonische Kultur und Geisteswelt in Europa,* 3,4 (Winter 1995/96) 26–28 (ISSN 0948-2008).

Meyer, Eduard, *Ursprung und Geschichte der Mormonen* (Halle a.d.S.: Max Niemeyer, 1912).
Interessante, ältere religionswissenschaftliche Darstellung der Bewegung, die Eduard Meyer während einer Gastprofessur an der Harvard Universität verfaßte. Die Einschätzung als neue Offenbarungsreligion, deutlich parallelisiert zum Urchristentum und dem Ursprung des Islam, scheint mir aber überzogen.

Mössmer, Albert, *Die Mormonen: Die Heiligen der letzten Tage* (Solothurn, Düsseldorf: Walter, 1995).
Gut recherchierte Darstellung, sehr lesbar und zuverlässig.

O'Dea, Thomas F., *The Mormons* (Chicago: The University of Chicago Press, 1957).
Katholische Darstellung, gute Analyse der Werte und innerer Spannungen.

Poll, Richard D. u. a. (Hg.), *Utah's History* (Provo, Utah: Brigham Young University, 1978).

Reorganisierte Kirche Jesu Christi der Heiligen der Letzten Tage (Hg.), *Das Buch Mormon,* übersetzt von Alexander Kippe, 2. deutsche Auflage (o.O., 1966).

Reorganisierte Kirche Jesu Christi der Heiligen der Letzten Tage (Hg.), *Buch der Lehre und Bündnisse: Sorgfältig ausgewählt aus den Offenbarungen Gottes und nach Daten geordnet.* Übersetzt von Kurt H. M. Schenk (Hannover, 1975; copyright 1970 Herald Publishing House, Independence, Missouri).
Erweiterte und verbesserte Auflage, die die editorialen Entscheidungen der Weltkonferenz 1970 wiedergibt; die Abschnitte enthalten historische Einleitungen. Viele der im Anhang abgedruckten Offenbarungen wurden in der englischen RLDS-Revision von 1990 ganz gestrichen.

Reorganized Church of Jesus Christ of Latter Day Saints (Hg.), *Book of Doctrine and Covenants: Carefully selected from the revelations of God, and given in the order of their dates* (Independence, Missouri: Herald Publishing House, 1990).
Offizielle Ausgabe der RLDS, ersetzt die Edition von 1970.

Reorganized Church of Jesus Christ of Latter Day Saints Board of Publication (Hg.), *The History of the Reorganized Church of Christ of the Latter Day Saints* (Independence, Missouri: Herald Publishing House, 1896 f. Nachdruck 1967; 1973), Bd. 1 (1805–1835) – Bd. 7 (1915–1925).
Briefe, Kirchenbeschlüsse und Berichte der Missionare werden ausgeschrieben, die Urkunden sind durch knappe redaktionelle Überleitungen miteinander verbunden. Ausgezeichnete historische Quellensammlung.

Ricks, Welby W., „The Kinderhook Plates", *Improvement Era*, 65 (1962) 636-637.656.658.660.
Enthält eine Photographie der erhaltenen Tafel.

Roberts, B. H. (Brigham Henry) (Hg.), *A Comprehensive History of The Church of Jesus Christ of Latter-Day Saints* (Provo, Utah: Brigham Young University Press, 1965).
Aufbauend auf den Vorarbeiten Joseph Smiths, autoritative Darstellung und Quellensammlung, LDS.

Ruthven, M., *Der göttliche Supermarkt. Auf der Suche nach der Seele Amerikas*, Frankfurt 1991.
Ein eher journalistisches Buch, das u. a. über das Mormonentum als Wirtschaftsmacht informiert.

Shields, Steven L., *Latter Day Saint Beliefs: A Comparison Between the RLDS Church and the LDS Church* (Independence, Missouri: Herald Publishing House, 1986).
Sachliche Darstellung der dogmatischen Unterschiede zwischen LDS und RLDS. Shields wuchs in Utah als Mitglied der LDS auf und wechselte zur RLDS. Gute Einführung. Enthält auch eine Konkordanz der verschiedenen Ausgaben der Lehre und Bündnisse.

Shields, Steven L., *Divergent Paths of the Restoration* (Bountiful, Utah: Restoration Research, 1982) non vidi.

Skousen, Royal, „Book of Mormon Manuscripts", *Encyclopedia of Mormonism*.

Smith, Joseph jr., *The Book of Mormon: An Account Written By the Hand of Mormon, upon Plates Taken From the Plates of Nephi* (Palmyra: E.B. Grandin, 1830; photographischer Nachdruck: Independence: Herald Publishing House, 1970).

Smith, Lucy, *Biographical Sketches of Joseph Smith the Prophet and his Progenitors for many Generations* (New York: Arno Press & The New York Times, 1969; photomechanischer Nachdruck der Ausgabe Liverpool, 1853).
Memoiren der Mutter von Joseph Smith. Wichtige, unterhaltsam geschriebene biographische Quelle.

Ström, Ake V., Artikel „Mormonen", *Theologische Realenzyklopädie*, 23 (1993) 311–318.
Ungewöhnlich schlecht recherchierter Artikel.

Tanner, Jerald und Sandra, *Mormonism: Shadow and Reality* (Salt Lake City: Utah Lighthouse Ministry, 5. Auflage 1987).
Weitverbreitete, klassische Sammlung kritischer Anfragen an LDS und RLDS.

The Book of Mormon: *An Account Written By The Hand of Mormon Upon Plates Taken From The Plates of Nephi*, übersetzt von Joseph Smith jr., The Church of Jesus Christ of Latter-day Saints (Hg.) (Salt Lake City, Utah, 1990; copyright 1981).

The Book of Mormon: *Another Testament of Jesus Christ.* The *Doctrines and Covenants of the Church of Jesus Christ of Latter-day Saints.* The *Pearl of Great Price* (Salt Lake City: LDS, 1985).

Vogel, Dan (Hg.), *Early Mormon Documents*, Band 1 (Salt Lake City: Signature Books, 1996).
Wertvolle Edition von Urkunden wie Briefe, Gerichtsakten, Heiratsregister etc. zur Frühzeit der Bewegung.

Wellington, Paul A. (Hg.), *Joseph Smith's "New Translation" of the Bible: A complete parallel column comparison of the Inspired Version of the Holy Scriptures and the King James Authorized Version.* Einleitung von F. Henry Edwards (Independence, Missouri: Herald Publishing House, 1970).

Young, Leonard M., *Communities of Joy: New Experiences in Congregational Living* (Independence, Missouri: Herald Publishing House, 1994).
Praktisch-theologisches Handbuch für Gemeinden der RLDS.

C. Dank

Ganz herzlich möchte ich mich bei all denen bedanken, die mir bei meinen Recherchen beistanden und die so freundlich waren, das Manuskript zu lesen und zu kritisieren: Heber Ferraz-Leite (Wien), Barbara Fink (Vicenty), Markus Gappmaier (Linz), Ingo Glückler (Heidelberg), John Hajicek (Independence), Shalane Hansen (Logan), Galen Hasler (Springfield), Gary Housknecht (Independence), Cliff Gray (Bangor), Uwe Kackstaetter (Deutschland/USA), Matthias Klinghardt (Augsburg), Oliver Koch (Marburg), René A. Krywult (Wien), Manfred Marks (Villingendorf), Michael Menzel (Augsburg), Glenn Miller (Bangor), Mark A. Scherer (Independence), Michael Stanek (Österreich), Eckehart Stöve (Duisburg), Larry Sydow (Springfield), Thom Thibeault (Carbondale), Werner Thiede (Neuhausen/Enzkreis), Vera Trobisch (Bangor), Lawrence W. Tyree (Independence), Elder Waters (Bangor), Gunar Werner (Leipzig).

www.ingramcontent.com/pod-product-compliance
Lightning Source LLC
Chambersburg PA
CBHW031355160426
43196CB00007B/826